Franz H.U. Borkenhagen und Uwe Hartmann

**Offiziersbibliothek II**

Internationale Beziehungen und Sicherheitspolitik

Reihe Offiziersbibliothek im Miles-Verlag
Herausgegeben von Uwe Hartmann

# Offiziersbibliothek II

# Internationale Beziehungen und Sicherheitspolitik

*Franz H.U. Borkenhagen und
Uwe Hartmann*

2021

Carola Hartmann Miles-Verlag

*Bibliografische Information der Deutschen Nationalbibliothek*
Die Deutsche Nationalbibliothek verzeichnet diese
Publikation in der Deutschen Nationalbibliografie;
detaillierte bibliografische Daten sind im Internet
über www.dnb.de abrufbar.

© 2021 Carola Hartmann Miles-Verlag, Berlin
www.miles-verlag.jimdo.com
email: miles-verlag@t-online.de

Herstellung: Books on Demand, Norderstedt
Bildnachweis: Miles-Verlag

Printed in Germany

ISBN 978-3-96776-016-3

# Inhalt

## IV    Folgerungen für Deutschland und die Bundeswehr

## Dank

# Vorwort

Die Welt ist aus den Fugen geraten. Verwundert reiben wir uns die Augen, wie dies in so kurzer Zeit passieren konnte. Es ist gerade einmal dreißig Jahre her, dass der gefährliche Kalte Krieg endete und wir mit großer Vorfreude den Anbruch des demokratischen Zeitalters erwarteten. Konflikte würden von nun an nicht mehr mit militärischen Mitteln gelöst werden. Und nun? Die Euphorie ist vorbei. Wir sind enttäuscht, wie sich die Welt entwickelt hat. Resignation wäre allerdings genauso fehl am Platz wie Verdrängung der Realitäten. Mit einer gehörigen Portion Selbstkritik sollten wir vielmehr danach fragen, wie wir die Welt wieder in Ordnung bringen, damit die zahlreichen Krisen nicht in große Kriege ausarten.

Die zweite Offiziersbibliothek bietet ihren Lesern Bücher an, die das Verständnis der neuen Zeit mit ihren veränderten internationalen Beziehungen und komplexen sicherheitspolitischen Herausforderungen erleichtern. Dass im ersten Teil Werke aus der Epoche des Kalten Krieges stammen, weist darauf hin, dass es trotz des radikalen Wandels im sicherheitspolitischen Umfeld noch Kontinuitäten gibt. Dazu gehört zweifelsfrei die Gefahr eines Atomkrieges.

Die Bücher des zweiten Teils erschienen wenige Jahre nach dem Ende des Kalten Krieges. Sie analysieren Gefahren, die uns damals neu vorkamen, weil sie aufgrund der militärischen Konfrontation von NATO und Warschauer Pakt aus dem Blickfeld unseres strategischen Denkens geraten waren. Als der Kalte Krieg endete und die USA als einzige Supermacht übrigblieben, traten diese über Jahrzehnte hinweg gedeckelten Konflikte offen hervor. Hinzu kamen zahlreiche neue, nicht-militärische Gefahren für unsere Sicherheit. Damals war die Hoffnung groß, dass die Staaten durch Zusammenarbeit in den internationalen Organisationen diese Herausforderungen bewältigen könnten.

Damit ist es nun vorbei, wie die Buchtitel „Welt in Gefahr" und „Weltunordnung" im dritten Teil dieser Offiziersbibliothek zeigen. Immer stärker bestimmt der Wettbewerb unter den Großmächten die internationalen Beziehungen.

Welche Rolle spielt Deutschland in dem Versuch, eine neue Weltordnung zu schaffen? Welche Möglichkeiten besitzt die „Macht in der Mitte", Europa vor Gefahren zu schützen? Und was bedeutet dies für die Bundeswehr? Damit beschäftigt sich der letzte Teil.

Die Offiziere der Bundeswehr sollten sich an den Debatten über sicherheitspolitische Themen beteiligen. Ihr weitverbreitetes Schweigen stößt nicht nur bei Experten auf Unverständnis. Die Bürgerinnen und Bürger unseres Landes wollen ihre Stimme hören. Dafür bietet die Offiziersbibliothek II viele inhaltliche Anregungen.

*Franz H.U. Borkenhagen und Uwe Hartmann*
*Berlin/Monterey, im April 2021*

# I Der Kalte Krieg und die atomare Gefahr

*Raymond Aron*

# Frieden und Krieg. Eine Theorie der Staatenwelt, Frankfurt a. M. 1962, 928 S.

## Frieden anstelle von Krieg

Die Unübersichtlichkeit der internationalen Beziehungen verlangt solide Leitlinien für das sicherheitspolitische Handeln von Regierungen. Die nachgeordnete Verteidigungspolitik muss sich daran genauso orientieren wie die Planungen für Struktur, Fähigkeiten und Einsatz von Streitkräften. Das scheint zunehmend schwieriger zu werden, da Sicherheits- und Verteidigungspolitik vielfältigen internationalen Wechselfällen unterliegen.

Eine wichtige Hilfe für die Erarbeitung sicherheits- und militärpolitischer Leitlinien bietet der Franzose Raymond Aron (1905-1983) in seinem Werk „*Frieden und Krieg*". Bewusst setzte er Frieden an die erste Stelle dieses Begriffspaares. Damit grenzt er sich vom weltberühmten Roman „*Krieg und Frieden*" des russischen Autors Lew Nikolajewitsch Tolstoi ab. Raymond Aron betont damit bereits im Titel seines Buches, dass Frieden der Grundwert ist, an dem sich jede Sicherheits- und Verteidigungspolitik orientieren muss.

Sein 1962 im Jahr der Kuba-Krise erschienenes Werk ist vor dem Hintergrund der damaligen Spannungen zwischen den USA und der UdSSR zu verstehen. Es zeichnet sich allerdings dadurch aus, über die Zeitenwenden hinweg gültig geblieben zu sein. Noch heute bietet es uns ein breites Spektrum an wichtigen Denk-

und Handlungsoptionen im Umgang mit Frieden und Krieg an.

Der Philosoph und Soziologe Raymond Aron ist ein herausragender Kenner der Schriften des preußischen Generals Carl von Clausewitz. An den Anfang des ersten Kapitels seines Buches, das den Titel „Strategie und Diplomatie *oder* Von der Einheit der Außenpolitik" trägt, stellt er nicht von ungefähr das wohl bekannteste Zitat aus dessen Buch „Vom Kriege": „Der Krieg ist ein Akt der Gewalt, um den Gegner zur Erfüllung unseres Willens zu zwingen". Wenig später zitiert er Clausewitz' Einsicht in die Grundstruktur des absoluten, nicht von der Politik gemäßigten Krieges: „Der Krieg ist ein Akt der Gewalt, und es gibt in der Anwendung derselben keine Grenzen; so gibt jeder dem anderen das Gesetz, es entsteht eine Wechselwirkung, die dem Begriff nach zum äußersten führen muss." Diese beiden Zitate verraten uns Raymond Arons dialektische Denkweise. Auch wenn er im Titel seines Buches Frieden als Grundwert hervorhebt, so analysiert er doch die internationalen Beziehungen durch die Brille von Clausewitz' Kriegstheorie. Staaten müssten ihre Sicherheitspolitik so gestalten, dass sie Krieg verhindern. In einer von der nuklearen Bedrohung geprägten Zeit war dies keine oberflächliche Einschätzung. Sie ist vielmehr die beachtenswerte Mahnung, den sogenannten *worst case* für möglich zu halten, um ihn zu verhindern.

Die Orientierung am *worst case* bedeute gerade nicht, den Eskalationsdynamiken hin zum absoluten Krieg zu folgen. Raymond Aron erkennt vielmehr ein mäßigendes Element, das vom überlegenen Staat oder Bündnis ausgeht: „Wer in Friedenszeiten über Waffenüberlegenheit verfügt, überzeugt den Verbündeten, den Rivalen oder den Gegner, ohne von den Waffen Gebrauch machen zu müssen. Umgekehrt hat ein Staat, der sich den Ruf von Gerechtigkeit und Mäßigung erworben hat, die beste Aussicht, seine Zwecke zu erreichen, ohne bis zum Äußersten des militärischen Sieges zu gehen. Selbst in Kriegszeiten wird er mehr überzeugen, als Zwang auszuüben." Liegt in der Missachtung dieser elementaren Einsicht vielleicht eine Ursache dafür, dass die Welt heute so in Unordnung geraten ist? Hat der Westen mit den USA als einzig verbliebener Supermacht den Fehler begangen, mehr auf Zwang durch Waffengewalt zur Erreichung seiner Ziele zu setzen als durch Überzeugung? Ist es unter Großmächten, die atomar bewaffnet sind, überhaupt noch möglich, einen Gegner zur Erfüllung des eigenen Willens zu zwingen? Besteht nicht vielmehr die Gefahr einer nuklearen Eskalation, wenn Kriegsziele nicht gemäßigt werden?

Raymond Aron zeigt auf, wie komplex die Sicherheits- und Verteidigungspolitiken von Staaten und Bündnissen sein müssen. Sie sollten partnerschaftlich organisiert, umfassend strukturiert und vorausschauend angelegt sein. Jederzeit müssen sie die Verbindung zwischen Außen- und Innenpolitik beachten. Deutlich zeigt sich hier die Mehrdimensionalität einer wirkungsvollen Sicherheits- und Verteidigungspolitik. Dabei gelte grundsätzlich: Politische Kraft speist sich aus innenpolitischer Homogenität, wirtschaftlicher Potenz und gesellschaftlicher Geschlossenheit. Gleichrangige und gleichgesinnte Partnerschaften bündelten gemeinsame Fähigkeiten, vor allem, wenn sie demokratischen Regeln folgen und auf Frieden ausgerichtet sind. Raymond Aron schreibt dazu: „Homogen nenne ich Systeme, in denen die Staaten zum gleichen Typus gehören und der gleichen Konzeption folgen." Wer denkt nicht an den heutigen Zustand der NATO, wenn der Autor fortfährt: „Die Struktur der internationalen Systeme folgt immer dem <u>Oligopol</u>. Die Hauptspieler bestimmen jederzeit das System mehr, als sie von ihm bestimmt werden. Es genügt ein Regimewechsel innerhalb eines der Hauptbeteiligten, um den Stil und zuweilen den Gang der internationalen Beziehungen zu verändern." Die überzeitliche Gültigkeit dieser Erkenntnis zeigt sich daran, wie US-Präsident Donald Trump die transatlantischen Beziehungen und damit die Kohäsion der NATO durch seine „*America first*"-Politik belastete und wie sein Nachfolger, Joe Biden, bestrebt ist, den Stil und den Gang der internationalen Beziehungen mit seiner Botschaft „*America is back. Diplomacy is back. Alliances are back*" erneut zu verändern. Die Ungewissheit, wie sich Hauptbeteiligte wie die Vereinigten Staaten oder, auf der europäischen Ebene, Deutschland verhalten, ist Teil der von uns so wahrgenommenen neuen „Weltunordnung".

Ein multipolares Gleichgewicht gehöre, so argumentierte Raymond Aron auf dem Höhepunkt der bipolaren Blockkonfrontation, zu den Grundbedingungen eines auf Ausgleich angelegten internationalen Beziehungsgeflechts. Der Wechsel von der Bipolarität zum multipolaren internationalen System sei in vielerlei

Hinsicht herausfordernd, weil die Zahl der Mitwirkenden zuweilen unübersichtlich wirkt – sowohl für die Mitglieder des multipolaren Systems als auch für die außenstehenden Mitspieler. Überdies entstünden Krisen und Konflikte zuweilen überraschend und unvorhergesehen. Wir erkennen diese zu spät, weil sie nicht in unsere traditionellen Denk- und Verhaltensmuster passen wollen. Dann aber seien gerade Sachlichkeit und grundlegende Analysen gefragt, jenseits von überkommenen militärischen Kategorien.

Ganz im Sinne Clausewitz' betont Raymond Aron die Wandelbarkeit von Krieg. Seine Analysen des internationalen Systems führen ihn zu der „Dialektik von Frieden und Krieg, das heißt zu der Aufzählung der Typen des Friedens und der Kriege, einschließlich der Zwischenformen, die man gewöhnlich mit kaltem Krieg oder streitbarem Frieden oder revolutionären Krieg bezeichnet." Damit erhält der Leser gleichzeitig ein Raster zur Beurteilung der augenblicklichen Zustände, ob man im Frieden lebt oder Krieg herrscht. Heute sprechen wir beispielsweise von hybriden Bedrohungen oder asymmetrischer Kriegführung, um die Zwischenformen zu unterscheiden.

Raymond Arons Werk ist ein hervorragendes Beispiel einer grundlegenden Analyse sicherheitspolitischer Verhältnisse und Bedingungen. Das Buch gehört zweifellos zur Grundausstattung der Politik der internationalen Beziehungen genauso wie zur Lektüre eines jeden Beraters und militärischen Entscheiders. Es wird dringend empfohlen, auch wenn es zuweilen mühsam scheint, sich durch die 928 Seiten zu arbeiten.

Gleichzeitig steht der Band an erster Stelle in dieser Offiziersbibliothek, weil er als Wegweiser dient und hilft, die übrigen Besprechungen besser einordnen zu können.

*André Beaufre*

# Die Revolutionierung des Kriegsbildes. Neue Formen der Gewaltanwendung, Stuttgart 1973, 235 S.

## Spielarten des Krieges

Die mannigfaltigen Herausforderungen an die Sicherheitspolitik verlangten bereits im Kalten Krieg ein Überdenken der militärischen Reaktionsformen. Dazu legte der ehemalige General der französischen Armee André Beaufre (1902-1975) in seinem Buch *„Die Revolutionierung des Kriegsbildes"* eine hilfreiche Übersicht vor. Neben der Betrachtung der Erscheinungsformen des klassischen Krieges lenkt er den Blick auf

- den Kolonialkrieg und
- die Mischformen des Krieges.

Außerdem erläutert er die Gesetzmäßigkeiten

- der Nuklearabschreckungsstrategie,
- der Strategie des begrenzten Krieges und
- des Revolutionären Krieges.

Vor allem der letztgenannten Spielart widmet sich André Beaufre sehr ausführlich. Da der Revolutionäre Krieg den heutigen Einsatzrealitäten von Streitkräften sowohl im internationalen Krisenmanagement als auch in der Landes- und Bündnisverteidigung sehr nahekommt, soll der Autor im Original zu Wort kommen. Er schreibt:

1. „Die Techniken des Revolutionären Krieges sind uns wohl vertraut, es sind Agitprop, der Terror, die Organisation und Kontrolle der Bevölkerung, die Propaganda nach außen wie im Land des Feindes, die Bildung einer provisorischen Regierung, ausgedehnte Verhandlungen usw. ...

2. Der eigentliche Wesensinhalt des Revolutionären Krieges ist mit einem politischen Leitmotiv gegeben, das ruhende Energien anzuspornen, Opferbereitschaft zu wecken und die damit bereits vorhandenen psychologischen Spannungen zu nutzen und noch zu verstärken weiß. ...

3. Das politische Leitmotiv muß sich auf eine Organisation stützen, die in der Regel von einer Untergrund-Partei gestellt wird, und die eine dreifache Aufgabe hat: Entscheidungen zu treffen, sie durchzuführen und die Kontrolle auszuüben. ...

4. Die Organisation muß eine wohldurchdachte (politische und strategische) Gesamtlinie einhalten, die in richtiger Erkenntnis der Gegebenheiten und als Aktionsprogramm die Schwerpunkte und Etappen setzt. ...

5. In zahlreichen Fällen gelingt es nicht, die Entscheidung allein durch den Revolutionären Krieg zu erzwingen, das heißt die Ordnungsstrukturen des Gegners ... zu zerschlagen. Militärische Aktionen erweisen sich dann als notwendig, um diesen Widerstand zu brechen oder die Moral des Gegners anzuschlagen. ...

6. Ungeachtet seiner jeweiligen Intensität greift der Revolutionäre Krieg meistens auf die Techniken des begrenzten Krieges zurück, da die verfügbaren materiellen Mittel selten erlauben, die Entscheidungen herbeizuführen."

Hiermit liefert André Beaufre einen Kriterienkatalog, der unverändert für die aktuellen Konflikte gilt, ob in Afghanistan, Syrien, Libyen oder Mali sowie in der Ukraine und den drei Baltischen Staaten. Wir sollten, um gegen diese Erscheinungsform des Krieges erfolgreich sein zu können, diese Kriterien immer wieder beachten und unser Gegenhandeln an neue Realitäten anpassen. Wenig erfolgversprechend ist es dagegen, wie es in vielen Kriegen seit Vietnam geschehen ist, den Revolutionären Krieg mit höchster Feuerkraft, immer schwereren Waffen und größerer Mobilität gewinnen zu wollen. Denn, so zeigt uns der französische General: „Die Stärke der Guerillatechnik liegt in der Befähigung, der offenen Schlacht auszuweichen und den Gegner zum Zersplittern seiner Kräfte zu zwingen."

Das Buch „Die Revolutionierung der Kriegsführung" liefert allen, die sich in der Rückschau mit den Kriegen in Afghanistan und Irak beschäftigen und daraus für künftige Einsätze im Rahmen des internationalen Krisenmanagements lernen wollen, wertvolle intellektuelle Einsichten. Es hilft auch, die Besonderheiten der Landes- und Bündnisverteidigung gegen Russland besser zu verstehen. Es sollte daher zum Buchbestand eines Offiziers gehören.

Überdies sind vom gleichen Autor zu empfehlen:

- *Totale Kriegskunst im Frieden. Einführung in die Strategie, Berlin 1964* und

- *Abschreckung und Strategie, Berlin 1966.*

In diesen beiden Bänden definiert André Beaufre Strategie als die Kunst, Macht zur Durchsetzung politischer Ziele wirkungsvoll zur Geltung zu bringen. Dabei warnt er vor dem Gebrauch eines einzigen Strategiemodells. Die Erarbeitung einer Strategie sei vielmehr als eine kreative Neuschöpfung und als ein permanenter Prozess zu verstehen. „Eine Strategie", so schlussfolgert der französische General, „darf kein starres Lehrgebäude sein. Sie muss zur Denkmethode werden." Daraus sind gewichtige Schlussfolgerungen für die Strategiefähigkeit eines Landes zu ziehen. Wolf Graf von Baudissin, der Vordenker der Inneren Führung der Bundeswehr, forderte daher in seinem Vorwort zur deutschen Ausgabe von „Abschreckung und Strategie"

(1) den Aufbau wissenschaftlicher Institutionen, die sich mit strategischen Fragen beschäftigen,

(2) eine Fachpresse, die sich mit wissenschaftlichen Erkenntnissen auseinandersetzt und

(3) eine interessierte Öffentlichkeit, die darüber diskutiert.

Dass Deutschland in diesen Bereichen Defizite hat, die dringend behoben werden sollten, wird gemeinhin nicht bezweifelt. Die Bundesregierung hat darauf reagiert. Im letzten Weißbuch aus dem Jahr 2016 wird ausdrücklich betont, die „Strategiefähigkeit" Deutschlands zu verbessern.

Im Anschluss an diese Definition von Strategie als einer Kunst unterscheidet André Beaufre drei Ebenen der Strategiebildung:

(1) eine politische Gesamtstrategie der Regierung,

(2) eine Sicherheitsstrategie aller Elemente der Gesamtverteidigung und schließlich

(3) die militärische Strategie der Streitkräfte.

Die USA sind das wohl bekannteste Beispiel eines Staates, der seine Strategiefähigkeit so dokumentiert. Deutschland ist davon weit entfernt. Sicherheits- und militärpolitische Dokumente wie die Weißbücher oder die Konzeptionen der Bundeswehr liefern zwar gute Bedrohungsanalysen. Sie enthalten zudem zahlreiche politische Ziele und Absichtserklärungen. Bei der Beschreibung der Mittel und Wege, wie diese Ziele erreicht und Absichten umgesetzt werden, offenbaren sie jedoch große Lücken. Der Regensburger Politologe Martin Sebaldt spricht daher vom „Elend der Militärstrategen". Dieses Urteil dürfte auch auf die Politiker und Ministerialbeamten zutreffen, die für die Erarbeitung einer politischen Gesamtstrategie und einer Strategie der Gesamtverteidigung verantwortlich sind.

Wie andere Strategen des Kalten Krieges, so denkt auch André Beaufre über die seinerzeit alles beherrschende Frage nach einer wirkungsvollen Nuklearstrategie nach. Dabei geht es ihm um die Potenziale der Nuklearwaffen und deren strategischen Nutzen. Die Nuklearstrategie – mit dem Schwerpunkt der Abschreckung zur Kriegsverhinderung – sei die moderne Erscheinungsform der Gesamtstrategie eines Staates. Deutlich kommt hier das französische Streben nach staatlicher Souveränität zum Ausdruck, was unter der Präsidentschaft Charles de Gaulles zum Aufbau der „*Force de Frappe*" geführt hatte und heute in Präsident Emmanuel Macrons Streben nach einer strategischen Autonomie Europas zum Ausdruck kommt.

Angesichts der Tatsache, dass die heutigen Großmächte atomar bewaffnet sind und damit ein „Gleichgewicht des Schreckens" besteht, erfahren André Beaufres Ausführungen zur „indirekten Strategie" eine hohe Relevanz. Darunter versteht er, in Abgrenzung zum britischen Strategen Basil Liddell Hart, „… die Kunst, den eigenen Spielraum, der infolge der atomaren Abschreckung noch gegeben ist, bestmöglich zu nutzen und trotz der zuweilen äußersten Begrenzung der einsetzbaren militärischen Kräfte große und durchschlagende Erfolge zu erzielen." Es geht ihm um die Handlungsfreiheit des Staates bzw. von Bündnissen unter den Bedingungen des atomaren Patts. Für ihn ist das „… Ringen um die Handlungsfreiheit … in der Tat der Wesensinhalt der Strategie." Und dabei spielen Streitkräfte eine wichtige Rolle.

Für Deutschland, das 1969 dem Atomwaffensperrvertrag beigetreten ist und heute für die Verteidigung Europas wichtiger ist denn je, verbinden sich damit zwei Fragen. Erstens: Wie kann Deutschland zu einer Nuklearstrategie – mit dem Schwerpunkt Abschreckung zur Kriegsverhinderung – beitragen? Und zweitens: Welchen sinnvollen Auftrag haben Streitkräfte, wenn Großmächte, die zunehmend die internationalen Beziehungen bestimmen, mit dem Ersteinsatz von Atomwaffen drohen? Die Antwort auf diese Fragen dürfte den Auftrag, den die Politik ihren Streitkräften gibt, maßgeblich mitbestimmen. Das übergeordnete Ziel, folgt man dem französischen General, ist offensichtlich: Auch Streitkräfte müssen einen Beitrag dafür liefern, die Handlungsfreiheit von Politik sicherzustellen.

Aus seinen weiteren Überlegungen leitet André Beaufre fünf für uns heute noch wesentliche Folgerungen für das strategische Denken ab:

- Abschreckung ist die Verhütung des Krieges;
- Abschreckung ist durch die richtige Dosierung von Gefahr und Stabilität erfolgreich;
- Abschreckung ist weder Politik noch Diplomatie, sondern ein Mittel im Dienst der Politik;
- Abschreckungsstrategien sind nur im Rahmen einer politischen Zielsetzung sinnvoll; und
- Abschreckungsstrategie besitzt einen abstrakteren Charakter als Kriegsstrategie.

Drei wesentliche Konstanten der Abschreckung bestimmten, so der französische General, den „großen ständigen Auftrag der Streitkräfte": den Krieg zu verhüten (Strategie der Abschreckung), die eigene Politik durchzusetzen (indirekte Strategie) und den Krieg gewinnen zu können (Kriegsstrategie). Damit gelangt er zu einer Wehrstruktur, die drei Ebenen aufweist: die atomare Abschreckungsmacht, die herkömmlichen Kampfverbände (mit taktischen Atomwaffen) und die National-Miliz.

Der atomaren Abschreckung weist André Beaufre die absolute Vorrangstellung zu. Gleichwohl bleibt der Auftrag, im Rahmen der indirekten Strategie die Handlungsmöglichkeiten zu definieren, mit denen unter dem Dach der Abschreckung und im Konzert der Mächte

Krieg vermieden werden soll. Aus all dem folgert er: „Ohne eine langfristige politische Zielsetzung lässt sich heute keine rationale Entscheidung mehr treffen." Diese Einsicht diskutieren wir heute, nach den Kriegserfahrungen in Irak und Afghanistan, als „die Politikbedürftigkeit des Militärischen" (Klaus Naumann) oder „The Direction of War" (Hew Strachan).

André Beaufres Bücher über Krieg und Strategie sind stark durch französische Denktraditionen geprägt. Gleichwohl bestehen erstaunlich viele Gemeinsamkeiten mit deutschen Strategen wie beispielsweise dem bereits angeführten Wolf Graf von Baudissin. Für den Aufbau der Bundeswehr zu Beginn der 1950er Jahre erarbeitete dieser ein Kriegsbild, das Elemente des Revolutionären Krieges enthielt. Damit ging er weit über die Vorstellungen der Bundeswehrplaner hinaus, die sich am Kampf der Wehrmacht gegen die Rote Armee im Zweiten Weltkrieg orientierten. Graf Baudissin bemühte sich um die Berücksichtigung mehrerer „Spielarten" von Krieg, und darauf gründete er auch die Konzeption der Inneren Führung. Wer heute ein gemeinsames strategisches Denken in Europa entwickeln will, sollte sich intensiv mit André Beaufre und Wolf Graf von Baudissin beschäftigen. Und sicherlich sollte der dritte im Bunde der europäischen Strategiedenker, der Brite Basil Liddell Hart, dabei hinzugezogen werden.

*Carl Friedrich von Weizsäcker*

# Wege in der Gefahr. Eine Studie über Wirtschaft, Gesellschaft und Kriegsverhütung, München/Wien 1976, 265 S.

## Der nukleare Krieg droht

Mit seinem Band „Wege in der Gefahr" von 1976 löste der deutsche Physiker Carl Friedrich von Weizsäcker (1912-2007) eine Debatte unter sicherheitspolitischen Experten der Bundesrepublik Deutschland aus, die zu einer Vielzahl von alternativen Militärstrategien führte. Wie der Untertitel verrät, wählte er einen ähnlich breiten Ansatz wie der französische Soziologe Raymond Aron. Beide wollten Sicherheitspolitik nicht nur von militärstrategischen Überlegungen her beleuchten. Die Bücher, die im Zuge dieser Debatte veröffentlicht wurden, konzentrierten sich allerdings doch wieder sehr stark auf das Militärische. So dominant war damals die Angst vor einem Atomkrieg.

Zu den ebenfalls im Hanser-Verlag (München/Wien) erschienenen Bänden gehörten:

- *Horst Afheldt: Verteidigung und Frieden (1976),*

- *Emil Spannocchi: Verteidigung ohne Selbstzerstörung (1976), und*

- *Emil Spannocchi, Guy Brossolet: Das Ende der Schlacht (1979).*

Diesen Überlegungen folgten dann schnell weitere Bücher:

- *Jochen Löser (Generalmajor a.D.): Weder rot noch tot, München 1981,*

- *Jochen Löser: Gegen den dritten Weltkrieg. Strategie der Freien, Herford 1982,*

- *Norbert Hannig: Abschreckung durch konventionelle Waffen. Das David-Goliath-Prinzip, Berlin 1984,*

- *Studiengruppe Alternative Sicherheitspolitik (Hrsg.): Strukturwandel der Verteidigung, Opladen 1984, und*

- *Erwin Müller (Hrsg.): Dilemma Sicherheit, Baden-Baden 1984.*

Wie diese Buchtitel bereits andeuten, konzentrierten sich die Überlegungen der Autoren auf militärische Defensivkonzepte. Allen ging es darum, die gegenseitige nukleare Bedrohung zu unterlaufen und einen Einsatz von Atomwaffen auf dem Boden der Bundesrepublik zu verhindern.

Doch zurück zu C.F. v. Weizsäcker, der sich 1984 auch als Herausgeber des Sammelbandes *„Die Praxis der defensiven Verteidigung"* zu den militärischen Fragen der Kriegsverhütung zu Wort meldete. In „Wege in der Gefahr" weist er auf die vielfältigen Ursachen der akuten Gefährdungen hin: „Umweltzerstörung, Wirtschaftskrise, Gefahren der dritten Welt, Versagen der Demokratie, Zersetzung unserer Kultur, russisch-kommunistische Herrschaft, Krieg. Sind diese Gefahren eingebildet oder reell? ... Die Hypothese dieses Buches ist: Jede der Befürchtungen hat einen reellen

Grund, weist auf eine wirkliche Gefahr." Damit öffnet der Autor unsere Augen für zwei über die militärstrategischen Überlegungen hinausgehende Perspektiven: Zum einen die Multidimensionalität der Gefahren für den Frieden, und zum anderen deren Faktizität. Es geht hier nicht um subjektive Bedrohungswahrnehmungen, sondern empirisch nachprüfbare Fakten.

Heute, fast 50 Jahre später, müssen wir feststellen, dass diese „wirklichen Gefahren" weiterhin existieren und noch gefährlicher für Frieden und Freiheit geworden sind. Vor allem der Klimawandel stellt unser gesamtes gesellschaftspolitisches und marktwirtschaftliches Modell vor größte Herausforderungen. Wirtschaftskrisen steigern sich auf den Finanzmärkten in ungeahntem Maße. Die Schere zwischen Arm und Reich öffnet sich immer weiter. Die Fluchtbewegungen aus Afrika und anderen Erdteilen haben Ausmaße angenommen, die Staaten und Regionen der westlichen Welt destabilisieren. Die Ursachen für lokale und regionale Kriege nehmen zu. Syrien und Libyen sind nur zwei Beispiele. Die Bücher im vierten Teil dieser Offiziersbibliothek nehmen diese Gefahren detailliert in den Blick.

Schließlich wendet sich C.F. v. Weizsäcker der problematischen Rüstungspolitik von Großmächten zu. Diese sei durch das „Rüstungsduopol" zwischen den USA und der damaligen UdSSR bestimmt. Darunter versteht er „… eine Situation, in der es genau zwei Mächte gibt, deren militärische Machtposition höchstens durch die andere ernstlich gefährdet werden kann." Die Folge davon sei ein Zwang zum Wettrüsten. Für die internationalen Beziehungen im 21. Jahr-

hundert zeichnet sich ein neues Militär- oder Rüstungsduopol ab: zwischen den USA und China. Folgendes
kommt erschwerend hinzu: Die Ausrüstung der eigenen Streitkräfte mit modernsten Waffen setzt deren
Export in andere Länder voraus. Sonst rechnen sich
die Investitionen nicht. Frederick Forsyth schreibt in
seinen Nachbemerkungen zu seinem Roman „Die
Faust Gottes" zu Recht, „…daß es Wahnsinn ist, wenn
die dreißig führenden Industrienationen der Welt, die
gemeinsam über fünfundneunzig Prozent aller High-
Tech-Waffen und die Mittel zu ihrer Herstellung verfügen, dieses Material aus Profitgier an Verrückte, Aggressive und Gemeingefährliche verkaufen, um
schnelle Gewinne zu machen."

C.F. v. Weizsäckers Augenmerk richtet sich auf die damalige Gegensätzlichkeit zwischen den USA und der
UdSSR. Daraus ist längst ein multipolares System geworden. Die Atommächte haben sich vermehrt. Das
vorher globale System ist in regionale Krisenherde zer-
splittert. Stellvertreterkriege haben die direkte Konfrontation abgelöst. Sie bergen indessen die Gefahr,
dass die Großmächte schneller als angenommen in
Konflikte hineingezogen werden und sich die regionalen Auseinandersetzungen ausweiten, weil ihre Protagonisten oft weiterreichende Ambitionen zeigen. Beispiele dafür sind der Revisionismus Russlands, die
Machtausdehnung Chinas oder der Versuch der Türkei, eine regionale Vormachtstellung einzunehmen.
Hinzu kommt die Instabilität vieler Regierungen und
Staaten. Nicht wenige Machthaber glauben, sie könnten diese durch eine aggressive Außenpolitik verringern oder ganz beseitigen. Es ist nicht verwunderlich,

dass überhebliche und sich überschätzende Autokraten weitere Unsicherheiten bewirken.

Ein Fazit von C.F. v. Weizsäcker gilt daher unverändert als Mahnung für die heutige Sicherheitspolitik: „Alle bisherigen hochentwickelten Gesellschaften sind durch Machstrukturen stabilisiert, deren Träger durch den Druck des Partikularinteresses, ihre gesellschaftliche Macht zu bewahren, gehindert sind, das in das Gesamtinteresse der Menschheit eingebettete Gesamtinteresse des eigenen Staates deutlich wahrzunehmen oder gar durchzusetzen." Wir sehen heute tagtäglich auch innerhalb des demokratischen Westens, wie die Re-Nationalisierung von Außen- und Sicherheitspolitik die Koordinierung und Kooperation in NATO und EU erschwert und bisweilen gänzlich verhindert. Noch schwieriger gestaltet sich die politische Orientierung an einem Gesamtinteresse der Menschheit in den Vereinten Nationen, besonders in deren Sicherheitsrat.

Die Gefahr eines Atomkrieges in Europa stand im Mittelpunkt der Überlegungen des deutschen Physikers. Damit ähneln seine Gedankengänge der Art und Weise, wie Raymond Aron Krieg denkt. Beide halten die Steuerung oder Eingrenzung eines einmal ausgebrochenen Krieges für illusorisch. Kriegsverhinderung müsse daher das Ziel jeder Strategie sein.

C.F. v. Weizsäcker überschreibt einen Abschnitt seines Buches mit „Der dritte Weltkrieg ist wahrscheinlich" und führt aus: „Er ist wahrscheinlich, weil der Zwang zur Hegemoniekonkurrenz in einem System souveräner Großmächte, der in der Geschichte stets zu großen Kriegen geführt hat, heute unvermindert mit denselben strukturellen Folgen fortbesteht. ... Wer glaubt, die

Konkurrenz der Großmächte werde nicht zum Krieg führen, vertraut entweder auf politische Entwicklungen oder auf die Abschreckung durch die großen Waffen."

Nun ist man in der heutigen Zeit geneigt, auf die Zunahme der großen Player mit Nuklearpotenzial und die vielen anderen Staaten hinzuweisen, denen der Besitz von Atombomben nachgesagt wird. Die Gefährdung wird dadurch nicht geringer. Sondern, so ist anzunehmen, das Risiko eines Einsatzes von Nuklearwaffen hat zugenommen, ist unkalkulierbarer geworden. Europa ist weiterhin ein gefährdeter Kontinent.

C.F. v. Weizsäckers Forderungen aus den 1970er Jahren sind noch heute relevant und werden daher hier ausführlich zitiert:

„Wir stellen zunächst sechs Idealforderungen an eine stabile Abschreckungsstruktur auf … :

1. Sie sollte den Gegner effizient von der Wegnahme oder Zerstörung der Güter abschrecken, zu deren Schutz sie errichtet sind.
2. Sie sollte keinen Anlaß zum Wettrüsten geben.
3. Sie sollte den Gegner nur mit Handlungen bedrohen, die von seiner Bevölkerung überlebt werden können.
4. Sie sollte dem Gegner keinen rationalen Grund bieten, das Überleben der Bevölkerung unsrer eigenen Länder zu bedrohen.
5. Sie sollte womöglich durch einseitige Handlung unsrerseits eingeführt werden können.
6. Sie sollte, falls sie wieder erodiert, womöglich nicht Anlaß geben, in das Gegenteil der Forderungen 3. und 4. umzuschlagen."

Die aufgezählten Kriterien sollten bei der Weiterentwicklung der Strategien zur nuklearen Abschreckung beachtet werden. Es bleibt allerdings fraglich, inwieweit sie tatsächlich zu einem Grundmuster einer weltweiten oder regionalen Verständigung oder als Handlungsanleitung taugen, wenn totalitäre Staaten ihre nationalen Egoismen befriedigen wollen. Dazu gehört auch und gerade der Drang nach militärischer Vorherrschaft.

# II Neue Bedrohungsanalysen nach der Zeitenwende 1989

*Paul Kennedy*

# In Vorbereitung auf das 21. Jahrhundert, Frankfurt a.M. 1993, 527 S.

## Eine Vorausschau

Nach den rückwärts gerichteten Blicken auf grundsätzliche Erwägungen zu internationalen Beziehungen und der einhergehenden Sicherheitspolitik versuchte Paul Kennedy mit „In Vorbereitung auf das 21. Jahrhundert" wenige Jahre nach dem Epochenumbruch von 1989 eine Vorausschau auf die möglichen Entwicklungen. Man kann sie auch als Fortsetzung seines Buches „Aufstieg und Fall der großen Mächte" (1987) verstehen.

Ein Vergleich der Schwerpunkte des Buches mit den heutigen Themen der internationalen Beziehungen und Sicherheitspolitik zeigt unverändert dessen hohe Aktualität. Es beginnt mit Überlegungen zur

* demographischen Explosion

und wird u.a. fortgeführt mit

* den Gefahren für unsere natürliche Umwelt,
* dem amerikanischen Dilemma,
* der Zukunft des Nationalstaates und
* den Aussichten für Europa.

Zur demographischen Explosion: Paul Kennedy unterstreicht die „bedeutende Wirkung der Bevölkerungsumschichtung auf die internationale Sicherheit: die

Aussicht auf demographisch getriebene soziale Unruhen, politische Instabilität und regionale Kriege. ... Wie wird unsere Zukunft aussehen, wenn soziale Unruhen im selben Verhältnis wachsen wie die Bevölkerungsdichte?" Die Folgen, so die Vorhersage des 1945 geborenen amerikanischen Historikers, würden „ungemütlich" für die wohlhabenderen Bevölkerungen werden. Heute können wir die Richtigkeit dieser Prognose ablesen an den vielen Fluchtbewegungen aus verschiedenen Kontinenten, vor allem aus Afrika, in Richtung Europa. Die Abwehrhaltung der Staaten auf dem alten Kontinent wirkt mehr als erbärmlich. Letztlich weiß die Europäische Union (EU) keine Antwort, ihre Mitgliedstaaten sind hilflos und unwillig bei der Suche nach Lösungen.

Zu den Gefahren für unsere natürliche Umwelt: Paul Kennedy nimmt auch in diesem Bereich vorweg, was uns heute alle beschäftigt. Er warnt eindringlich vor den Folgen, wenn er schreibt: „Die Umweltfrage bedeutet genau wie die Drohung der Massenmigration, daß das, was der Süden tut, den Norden schädigen kann – vielleicht zum ersten Mal in der Geschichte." Inwieweit der Norden seine Verwundbarkeit bereits realisiert hat, muss offenbleiben. Mit der Corona-Pandemie deutet sich ein Umdenken an. Die EU liefert Impfstoffe an afrikanische Staaten, um dort die Pandemie als potenziellen Treiber von noch mehr Armut, Instabilität und Flüchtlingsbewegungen einzudämmen.

Im Folgenden beschreibt Paul Kennedy die weltweiten Schädigungen der Umwelt: „Die Bevölkerungswelle in den Entwicklungsländern hat auf Dschungel, Feuchtgebiete und Weideland übergegriffen, da mehr und mehr Menschen die sie umgebenden Ressourcen ausbeuten. Dieser Druck wird durch weitere Industrialisierung in Asien und anderswo noch verstärkt. Neue Fabriken, Montagehallen, Straßensysteme, Flughäfen, Wohnungskomplexe reduzieren nicht nur die Fläche an Naturlandschaft, sondern tragen auch zur Nachfrage nach mehr Energie … bei. Die ökologischen Folgen sind nicht zu übersehen: verschmutzte Flüsse und tote Seen, smogbedeckte Städte, industrieller Abfall, Bodenerosion und zerstörte Wälder auf der ganzen Erde." Wer diese vor nahezu dreißig Jahren geschriebenen Zeilen liest, erinnert sich unwillkürlich an jüngste Bilder und Berichte aus den USA, Brasilien und Ägypten oder von den Überflutungen des Jangtse in China.

Auch wenn man geneigt sein könnte, diese Umweltschäden als lokal, allenfalls regional zu beurteilen, muss man bei genauerem Hinsehen Paul Kennedy recht geben, wenn er schlussfolgert: „Die Welt hat sich bereits an die Flut von Bürgerkriegsflüchtlingen gewöhnt. Wenn ganze Gesellschaften nach Naturkatastrophen zusammenbrechen, mag es bald eine sehr viel gewaltigere Flut von Umweltflüchtlingen geben. Bereits jetzt weisen zahlreiche Wissenschaftler auf die Signifikanz von Umweltschäden als Ursachen für bewaffnete Konflikte hin." Das Buch von Wilhelm Sager, das ebenfalls in diesem Teil der Offiziersbibliothek besprochen wird, geht darauf ausführlicher ein.

Zum amerikanischen Dilemma: Die USA waren und sind ein gewichtiger Player in den internationalen Beziehungen und in der Sicherheitspolitik. Umso aufmerksamer werden die Ausschläge in der US-amerikanischen Außen- und Innenpolitik beobachtet, die zuletzt unter der Präsidentschaft Donald Trumps für Irritationen sorgten – sowohl bei konkurrierenden Großmächten als auch bei Verbündeten und Partnern. 1993, als nach dem Untergang der Sowjetunion die USA die einzig verbliebene Supermacht waren, erkannte Paul Kennedy ein entscheidendes Defizit für den Erhalt ihrer Führungsmacht: Es fehlte ihr eine Vision, eine Strategie, ein Plan. „Alle Anzeichen deuten in der Tat darauf hin, daß die Vereinigten Staaten sich weiterhin durchwursteln werden, wobei die Debatte über Niedergang oder Erneuerung weitergehen wird. Aber die langfristige Implikation des Durchwurstelns ist ein langsamer, stetiger relativer Niedergang – im Lebensstandard, im Bildungsniveau, in fachlichen Fähigkeiten, in der Sozialfürsorge, in der industriellen Führungsstellung und letztlich in nationaler Macht."

Der Beobachter der Verhältnisse in den Vereinigten Staaten unter der Präsidentschaft von Donald Trump mag geneigt sein, die Geschehnisse der letzten Jahre entsprechend zu beurteilen. Deutlich wird auch, dass das erratische Verhalten einer Führungsmacht nicht nur irritieren, sondern auch zu Krisen und Konflikten weltweit führt und andere Mächte dies ausnutzen, um ihre eigene Macht zu vergrößern. Das Postulieren alternativer Fakten hilft gegen diese politische Wahrheit nicht oder allenfalls kurzzeitig.

Zur Zukunft des Nationalstaates, die gerade in Europa intensiv diskutiert wird und die für die weitere Entwicklung der EU mitentscheidend sein wird, fragt Paul

Kennedy: „Was bedeuten diese transnationalen Entwicklungen für die Zukunft des Nationalstaates selbst, der die ordnende Einheit ist, an die sich die Menschen normalerweise wenden, wenn sie von etwas Neuem herausgefordert werden?" Und weiter: „Die meisten dieser Trends sind so weitreichend, daß es vielleicht überhaupt keine Regierung mehr gibt, die gut gerüstet ist, mit ihnen umzugehen." Denn nach Paul Kennedy „… haben diese verschiedenen Trends von der globalen Erwärmung bis zur internationalen Finanzspekulation gewisse Gemeinsamkeiten. Sie sind in ihrem Wesen transnational, sie überschreiten auf dem ganzen Erdball die Grenzen. … Vor allem aber unterliegen sie nicht mehr der Kontrolle des traditionellen Nationalstaates, sowohl in dem direkten Sinne, daß die Länder hereinziehende Luftströmungen nicht abwehren können, als auch im indirekten Sinne, daß ein Verbot von Aktivitäten wie zum Beispiel der biotechnologischen Landwirtschaft, der Robotik oder Währungsspekulation nur bedeuten würde, daß sie anderswo stattfinden."

Ein düsteres, aber zutreffendes Bild, wie wir heute, über 25 Jahre nach Erscheinen des Buches, wissen. Die Re-Nationalisierung hilft nicht, die von Paul Kennedy beschriebenen und seitdem vielfach verstärkten Probleme zu beheben. Dennoch nehmen nationale Egoismen Überhand, auch in Europa.

Was hilft nun? Paul Kennedy gibt keine Antwort, die als Allheilmittel gelten könnte. „Spezielle Einsatzgruppen und gepanzerte Divisionen können durchaus nützlich sein, aber sie sind natürlich nicht in der Lage, die demographische Explosion auf der Erde zu verhindern oder den Treibhauseffekt zu stoppen." Schon damals waren politische Denker davon überzeugt, dass nukleare Bedrohungen und konventionelle Konflikte nicht allein im Mittelpunkt sicherheitspolitischen Handelns stehen dürften. Neuen und ganz anderen Herausforderungen des „nationalen Wohlergehens" müsste künftig begegnet werden. Paul Kennedy mahnt daher, es sei „…sehr viel sinnvoller, davon auszugehen, daß diese neueren Kräfte des Wandels – mit ihrem Potential, unsere Lebensweise zu zerstören – neben die älteren und traditionellen Bedrohungen der Sicherheit treten."

Insgesamt fordert Paul Kennedy eine Neubesinnung und -bestimmung der nationalen und internationalen Sicherheitspolitik. Sie wird breiter gefächert als bisher ausfallen müssen, um wirkungsvoll sein zu können. Tatsächlich setzte sich ab Mitte der 1990er Jahre der weite Sicherheitsbegriff in Politik und Wissenschaft durch. Gut zehn Jahre später wurde dieser Begriff zum Konzept der vernetzten Sicherheit weiterentwickelt. Von den Offizieren der Bundeswehr fordert dieses weite Verständnis von Sicherheitspolitik eine umfassende Bildung. Sie dürfen ihre militärische Expertise nicht losgelöst von anderen Politikfeldern ausbauen. Folgewirkungen militärischen Handelns auf andere staatliche Instrumente sind genauso zu berücksichtigen wie deren Auswirkungen auf Militärstrategien und den Einsatz von Streitkräften. Mehr noch: Offiziere sollten in der Lage sein, im Rahmen einer vernetzten Sicherheitspolitik strategische Handlungsoptionen zu erarbeiten, in denen das militärische Instrument nicht im Vordergrund steht. Dies ist der Maßstab, an dem sich die akademische Ausbildung vor allem von Stabsoffizieren, die für Spitzenverwendungen ausgewählt werden, orientieren sollte. Auf diese Weise könnte die Bundeswehr ihren Beitrag zur Verbesserung der Strategiefähigkeit Deutschlands leisten und damit die Handlungsfreiheit der Bundesregierungen erhöhen.

Paul Kennedy beschäftigt sich auch mit sicherheitspolitischen Entwicklungen in anderen Regionen der Welt, die der Lektüre wert sind, die hier aber nicht näher beschrieben werden sollen. Für uns heute noch wichtig sind seine Ausführungen zur EU und zu Deutschland. Paul Kennedy stellt die kritische Frage, ob "… die EG (heute EU) mit der Globalisierung fertig werden (könne), während sie gleichzeitig um weitere Integration kämpft?" Viele seiner Antworten sind durch die Entwicklung der EU überholt; doch die Ausgangsfrage hat ihre Bedeutung behalten. Zahlreiche Analysten glauben, dass die EU am Ende ihres Weges zur politischen Integration angekommen ist. Weiter geht es nicht mehr. Manche halten sogar ein Auseinanderfallen der EU für wahrscheinlich. Vor allem der Brexit trug zu einer angespannten Lage bei, weil Nachfolgeaktionen anderer Staaten nicht ausgeschlossen werden können. Wie wir in den noch folgenden Besprechungen sehen werden, ist Paul Kennedys Frage weiterhin hoch relevant. Die Antworten darauf unterscheiden sich jedoch.

Die Wiedervereinigung Deutschlands beurteilt Paul Kennedy als ein Problem für das europäische Mächtegleichgewicht. „Die Suche nach neuen Strukturen für Europas künftige Sicherheit ist durch das Wiederauftauchen der sogenannten deutschen Frage kompliziert geworden, das heißt durch die Frage, wie man eine dauerhafte harmonische Beziehung zwischen der bevölkerungsreichsten, ökonomisch produktivsten, technologisch fortschrittlichsten und (in der Vergangenheit) militärisch effizientesten Nation in Europa und ihren kleineren, weniger mächtigen Nachbarn schaffen kann." Auch wenn viele Stimmen eine Angst vor Deutschland eher negieren und aktuelle Querelen beispielsweise mit Polen und anderen mittel- und osteuropäischen Staaten eher temporärer Natur sind, so bleibt die Frage doch weiterhin virulent. Dies wird die Besprechung des von Herfried Münkler verfassten Buches „Macht in der Mitte" im hinteren Teil dieser Offiziersbibliothek zeigen.

Insgesamt hat Paul Kennedy eine Ausarbeitung vorgelegt, die mit Aufmerksamkeit gelesen werden darf. Sie hilft, die Komplexität von Sicherheitspolitik besser zu verstehen und als Herausforderung auch für die eigene Bildung und politische Urteilskraft zu sehen.

*Samuel P. Huntington*

# Der Kampf der Kulturen.
# Die Neugestaltung der Weltpolitik im 21.
# Jahrhundert, München-Wien 1996, 581 S.

Einen anderen Zugang zu den internationalen Beziehungen wählt Samuel Huntington (1927-2008) in seinem Buch „Der Kampf der Kulturen", das seinerzeit
Aufsehen erregte. Seine Kernthese lautet: „In der Welt
nach dem Kalten Krieg sind die wichtigsten Unterscheidungen zwischen Völkern nicht mehr ideologi-
scher, politischer oder ökonomischer Art. Sie sind kul-
tureller Art." Aus diesen kulturellen Unterscheidungen
könne, so der Autor, ein „Kampf der Kulturen" entstehen, der nicht nur zu neuen Konfliktlinien zwischen
Staaten führt, sondern auch die Weltordnung verändert. Kultur und die Identität der Kulturen, „auf
höchster Ebene also die Identität von Kulturkreisen",
würden künftig die internationalen Beziehungen prä-
gen.

Mit fünf Argumenten versucht Samuel Huntington,
diese Vorhersage zu stützen:

- Zum ersten Mal in der Geschichte sei globale Politik nicht nur multipolar, sondern auch multikulturell
  zu verstehen.

- Das Machtgleichgewicht zwischen den Kulturkreisen verschiebe sich.

- Eine sich auf kulturelle Werte gründende Weltordnung sei im Entstehen begriffen.

- Der Westen gerate durch seine universalistischen Ansprüche zunehmend in Konflikt mit anderen Kulturkreisen, vor allem mit dem Islam und mit China.
- Das Überleben des Westens hinge davon ab, dass die USA ihre westliche Identität bekräftigen und die „Westler" sich damit abfinden, dass ihre Kultur einzigartig, aber nicht universal ist.

Der sich abzeichnende „Kampf der Kulturen" könne, so urteilt Samuel Huntington, noch verhindert werden. Voraussetzung sei dafür die Akzeptanz unterschiedlicher Kulturen, vor allem auch in der internationalen Zusammenarbeit. Der Autor schreibt dazu mahnend: „Ein weltweiter globaler Kampf der Kulturen kann nur vermieden werden, wenn die Mächtigen dieser Welt eine globale Politik akzeptieren und aufrechterhalten, die unterschiedliche kulturelle Wertvorstellungen berücksichtigt."

Das Buch des US-amerikanischen Politikwissenschaftlers erschien inmitten der Debatten über die Erweiterung von NATO und EU. Die im Kalten Krieg gezogene Trennungslinie zwischen Ost und West habe sich, so Samuel Huntington, „… um mehrere hundert Kilometer nach Osten verschoben. Heute ist es die Linie, die die Völker des westlichen Christentums auf der einen Seite von muslimischen und orthodoxen Völkern auf der anderen Seite trennt." Er wäre sicherlich nicht verwundert darüber, dass die heutigen Konfliktlinien zwischen dem Westen und Russland kulturell aufgeladen sind und sich u.a. in hybriden Bedrohungswahrnehmungen äußern. Werte und Identität sind zu einem

Faktor strategischen Handelns und Gegenhandelns geworden.

Samuel Huntingtons Warnung vor einem Kampf der Kulturen ist auch für die strategische Evaluierung der Kriege in Afghanistan und im Irak hilfreich. Die nach den terroristischen Anschlägen vom 11. September 2001 von den USA und ihren Verbündeten geführten Kriege sollten dazu dienen, die ganze Welt westlicher zu machen. Dieser „demokratische Interventionalismus" gilt weithin als gescheitert. Nicht nur, weil der Westen die gewünschten politischen Ziele verfehlte. Der Versuch, Demokratie auch mit militärischen Mitteln zu verbreiten, rief zudem Großmächte wie China und Russland auf den Plan. Ihr Ziel ist es, die kulturelle Ausdehnung des Westens als eines „normativen Projekts" zu begrenzen – nicht zuletzt, indem sie seine inneren Schwächen ausnutzen. Heute sprechen wir von einer globalen Systemkonkurrenz und meinen damit politische Alternativen zum Westen, die in hohem Maße kulturell begründet werden. Die heutige *Great Power Competition* kann auch als ein „weltweiter globaler Kampf der Kulturen" verstanden werden, vor dem der 2008 verstorbene Samuel Huntington eindringlich warnte.

Als eine weitere Entwicklungslinie in der internationalen Politik beschreibt Samuel Huntington den Machtverlust des Nationalstaates. Zwei Gründe führt er dafür an: den Bedeutungszuwachs der internationalen Organisationen sowie die Zunahme von Autonomie- und Sezessionsbestrebungen innerhalb staatlicher Gebilde. Resümierend stellt der Autor fest: „Staaten bleiben zwar die Hauptakteure des Weltgeschehens, müssen aber Einbußen an Souveränität, Funktionen und Macht hinnehmen. Internationale Institutionen machen ihr Recht geltend, das Tun und Lassen von Staaten auf deren eigenem Territorium zu beurteilen und zu beschneiden. ... Weltweit herrscht auch die Tendenz, daß staatliche Regierungen einen Teil ihrer Macht an innerstaatliche politische Organe auf Regional-, Provinz- oder Lokalebene übertragen und damit verlieren. In vielen Staaten, auch in solchen der entwickelten Welt, gibt es regionale Bewegungen, die eine weitgehende Autonomie oder die Sezession anstreben." Auch mit dieser Prognose liegt Samuel Huntington richtig, wie die Entwicklungen beispielsweise in Großbritannien und Spanien zeigen. Andererseits stärkt die *Great Power Competition* die Rolle des Staates; die Bedeutung internationaler Organisationen nimmt ab.

Mit Hilfe des neuen Paradigmas vom „Kampf der Kulturen" analysiert Samuel Huntington die gegenwärtige Konstellation von Staaten, Regionen, Staatengruppen und Allianzen. Er stellt die Entwicklungen der internationalen Beziehungen dar und zeigt ihre immanenten Gefährdungsmomente auf. Daraus kann er die eine oder andere Vorhersage ableiten. Für die strategische Vorausschau möglicher Konflikte ist seine Unterscheidung nach konfliktanfälligen und weniger brisanten Zonen sowie seine Identifizierung von „zerrissenen Ländern", die mehreren Kulturkreisen angehören, wichtig. Er benennt „Kernstaaten, konzentrische Kreise, kulturelle Ordnungen" und sagt die Entwicklung „von Transitionskriegen zu Bruchlinienkriegen" voraus. Der 2014 ausgebrochene Konflikt in der Ukraine ist ein solcher Bruchlinienkrieg zwischen Ost und West.

Besonders weitsichtig ist seine Prognose, dass der Westen in eine permanente Defensive gegenüber Hegemonialkräften geraten wird. Vor allem Chinas Streben nach Hegemonie in Südostasien oder der Machtkampf zwischen Saudi-Arabien und dem Iran über die Vorherrschaft im Nahen und Mittleren Osten stellen sicherheitspolitische Herausforderungen für den Westen dar.

Insgesamt folgt Samuel Huntington einer realistischen Analyse der Machtverschiebungen im internationalen Gefüge. Wer wollte abstreiten, dass China zu einer mehrdimensionalen Supermacht aufwächst und die islamischen Staaten bei ihrer Suche nach einer gemeinsamen Identität zu neuer Größe gelangen können? Oder dass Indien sich zu einer wirtschaftlichen Vormacht entwickelt und der Westen sich darum kümmern muss, seine eigenen demokratischen Fundamente zu festigen, um im weltweiten Konzert der Mächte wirkungsvoll zu bleiben? Aber es stellt sich die Frage, ob es zu einer nüchternen Einschätzung und Abwägung beiträgt, wenn über diese Konstellation eine Folie gelegt wird, die nur Schlussfolgerungen nach dem Maßstab der kulturellen Auseinandersetzung zulässt. Ist die alte Regel vom Streben nach regionaler Vorherrschaft und Hegemonie so einfach aufzuheben? Können kulturelle Unterscheidungen und die daraus resultierenden Wertekonflikte die bisherigen Formen der internationalen Zusammenarbeit und die Orientierung von Staaten an ihren nationalen Interessen dominieren? Mehr noch: Erschwert eine solche Sichtweise nicht auch die objektive Beurteilung von Konflikten (wie sie später bei Wolfgang Sager und Herfried Münkler beschrieben werden) und die Suche nach deren Lösungen?

Richtig ist zweifellos, dass kulturelle Identität ein bis heute oftmals nicht ausreichend beachteter Faktor ist, um die Absichten von Staaten richtig zu erkennen und umfassend zu beurteilen. Aber sie bleibt ein Faktor unter vielen anderen, die politisches und wirtschaftliches Handeln maßgeblich beeinflussen können.

*Herfried Münkler*

# Die neuen Kriege, Reinbek bei Hamburg 2002, 285 S.

## Kriege allenthalben

Lokale und regionale Kriege nehmen weltweit zu. Herfried Münkler, Professor aus Berlin und geachteter Experte für Sicherheitspolitik, schreibt dazu in seinem Band „Die neuen Kriege" einführend: „…die Staaten haben als die faktischen Monopolisten des Krieges abgedankt, und an ihre Stelle treten immer häufiger parastaatliche, teilweise sogar private Akteure – von lokalen Warlords und Guerillagruppen über weltweit operierende Söldnerfirmen bis zu internationalen Terrornetzwerken – für die der Krieg zu einem dauerhaften Betätigungsfeld geworden ist." Ohne eine Intervention von außen, um zwischen Kriegsparteien zu vermitteln oder das Kriegsende zu erzwingen, würden solche Kriege nicht enden.

Inzwischen sind die europäischen Staaten von den neuen Kriegen unmittelbar betroffen. Die hohe Zahl von Flüchtlingen, welche die Krisen- und Kriegsgebiete in Richtung Europa verlassen (wollen), ist der wohl überzeugendste Beweis dafür, dass Instabilitäten in der nahen und fernen Nachbarschaft Auswirkungen auch auf die europäischen Staaten haben. Deren Analyse fällt der Europäischen Union (EU) genauso wie den Regierungen der Mitgliedstaaten überaus schwer. Dies hängt auch mit den Eigentümlichkeiten der neuen Kriege zusammen, wie Herfried Münkler betont: „Die neuen Kriege werden von einer schwer durchschaubaren Gemengelage aus persönlichem Machtstreben, ideologischen Überzeugungen, ethnisch-kulturellen Gegensätzen sowie Habgier und Korruption am Schwelen gehalten und häufig nicht um erkennbarer Zwecke und Ziele willen geführt. Besonders dieses Gemisch unterschiedlicher Motive und Ursachen macht es so schwer, diese Kriege zu beenden und einen stabilen Friedenszustand herzustellen." Besonders herausfordernd sei, dass die „neuen Kriege weder einen identifizierbaren Anfang noch einen markierbaren Schluss" haben.

Diese Überlegungen laden zu einem Zwischenergebnis ein. „Die neuen Kriege … sind vor allem durch zwei Entwicklungen gekennzeichnet, die sie zugleich deutlich von den Staatenkriegen der vorangegangenen Epoche unterscheiden: Zum einen durch Privatisierung und Kommerzialisierung, also das Eindringen privater, eher von wirtschaftlichen als von politischen Motiven geleiteter Akteure in das Kriegsgeschehen, und zum anderen durch Asymmetrisierung, das heißt durch das Aufeinanderprallen prinzipiell ungleichartiger Militärstrategien und Politikrationalitäten, die sich in allen gerade in jüngster Zeit verstärkt unternommenen Anstrengungen zum Trotz, völkerrechtlichen Regulierungen und Begrenzungen zunehmend entziehen. Vieles spricht dafür, dass diese Entwicklung ihren Höhepunkt noch lange nicht erreicht hat."

Die neuen Erscheinungsformen gewalttätiger Auseinandersetzungen, so der Autor, passten nicht zum traditionellen Verständnis von Krieg in den westlichen Gesellschaften. Politik, Militär und Gesellschaft verstünden darunter einen Staatenkrieg, der möglichst schnell einen besseren Frieden herbeiführen sollte. Die postheroischen Zivilgesellschaften des Westens hätten Schwierigkeiten zu akzeptieren, dass es Menschen gibt, die gewaltsame Auseinandersetzungen wollen, weil sie daran verdienen, und zu erkennen, dass ein Eingreifen notwendig sein kann, um ein Überschwappen der negativen Auswirkungen auf ihre eigenen Länder zu verhindern.

Herfried Münklers Buch stieß auf großes Interesse, fand allerdings auch Kritik. Die Erscheinungsformen „Neuer Kriege" habe es in der Menschheitsgeschichte in Form der „Kleinen Kriege" doch schon immer gegeben, lautete ein verbreitetes Gegenargument. In seinem 2015 erschienenen Buch „Kriegssplitter. Die Evolution der Gewalt im 20. und 21. Jahrhundert" geht der Autor auf diese Kritik ein. Das Neue, die Zukunft von Krieg Bestimmende sei, dass „… die Art des Kleinen Krieges sehr viel stärker die Entwicklungsrichtung vorgibt als der Große Krieg, der bis weit in die zweite Hälfte des 20. Jahrhunderts hinein das Metrum der Kriegführung gewesen ist." Wenn Streitkräfte in solche Konflikte intervenierten, umfasse ihr Auftrag Aufgaben, die normalerweise Polizeikräfte übernehmen.

Mit seinen Prognosen sollte der Berliner Politikwissenschaftler Recht behalten. Der vorläufige Höhepunkt wurde 2014 erreicht, als Russland die Krim besetzte und einen Bürgerkrieg im Osten der Ukraine anheizte. Die russische Art der Kriegführung kombinierte geschickt symmetrische und asymmetrische Elemente und nutzte dafür effektiv alle dem Staat zur Verfügung stehenden Instrumente einschließlich paramilitärischer und ziviler Gruppierungen. Krieg wird damit zu einem diffusen Gemisch von Staats- und Bürgerkrieg.

Herfried Münkler weist uns auf weitere Veränderungen im Erscheinungsbild von Kriegen hin, die für die Sicherheitspolitik wichtig sind. Dazu gehört die Rolle der Medien, die sowohl bei staatlichen als auch bei nichtstaatlichen Akteuren zu „Parteigängern" geworden seien. Vor allem die sozialen Medien ermöglichten gegnerischen Staaten und nichtstaatlichen Akteuren (NSA), westliche Gesellschaften direkt mit Informationen, vor allem mit Bildern, anzugreifen. Die Bürger müssten diese selbst, d.h. ohne Unterstützung durch professionelle Journalisten, beurteilen. Hierin liege eine Ursache für die schnelle Verbreitung von Verschwörungstheorien, mit denen die Geschlossenheit demokratischer Staaten und offener Gesellschaften untergraben und manche ihrer Bürger zu inneren Feinden oder einer „5. Kolonne" gemacht werden. Zur modernen Kriegführung gehöre daher auch der Kampf um Informationen. Denn der „… Anschlag entfaltet … seine strategische Wirkung erst dadurch, dass über ihn berichtet wird und entsprechende Bilder in die Medien gelangen." Hier bestehe eine besondere Gefährdung für die postheroischen Gesellschaften des Westens: Wenige Bilder über getötete Zivilisten oder eigene Soldaten reichten aus, deren „Mut totzuschlagen". Der „Krieg der Bilder", der in der Vergangenheit den Einsatz von Armeen nur begleitete, sei nun zum eigentlichen Krieg geworden.

Neu sei auch der Bedeutungsverlust des Raumes. In früheren Kriegen ging es vor allem darum, Territorien zu besetzen. Daher spielten Landstreitkräfte oftmals eine größere Rolle für die Kriegsführung als Luft- und Seestreitkräfte. Heute dagegen sei die Beherrschung der Ströme von Gütern, Kapital und Informationen oftmals wichtiger als die Inbesitznahme von Land. „Die Beherrschung des Festen, des Territoriums, genügt nicht mehr, um Sicherheit zu gewährleisten; dazu bedarf es zumindest ebenso der Kontrolle des Fluiden." Diesem Zweck dienen auch eingefrorene Konflikte wie beispielsweise der in der Ukraine. Er fungiert als Brandschneise der Kommunikationsströme zwischen Ost und West.

Herfried Münkler diagnostiziert eine Hybridisierung von Staatenkrieg und Bürgerkrieg, wobei – angesichts der noch bestehenden militärischen Überlegenheit der USA – die asymmetrischen Elemente überwiegen dürften. Für Strategen und Militärplaner sei dies eine schwierige Situation. Die weitere Entwicklung der Erscheinungsformen von Krieg bliebe im Ungewissen.

Versuche, die Komplexität von Krieg durch Konzentration auf den Staatenkrieg zu reduzieren, sind gefährlich. Sie provozieren Überraschungen, die nicht nur Politik, Gesellschaft und militärische Führung, sondern auch die Soldaten im Einsatz überfordern. Die sicherheitspolitische Debatte muss sich in besonders intensiver Weise mit dem Kriegsbild beschäftigen. Die Bücher von Herfried Münkler bieten ausreichend Stoff, sich damit nachhaltig auseinanderzusetzen. Für die Soldaten der Bundeswehr, die in Afghanistan und Mali oder zur Verteidigung des Bündnisgebietes im Baltikum eingesetzt werden, ist die Beschäftigung mit diesem Thema unverzichtbarer Teil ihres Auftrags.

*Wilhelm Sager*

# Fluss ohne Mündung. Klimawandel – Wassermangel – Sicherheit, Bonn 2008, 255 S.

## Wasser als Inbegriff des Lebens

Eine Spielart der unkonventionellen Konflikte und Kriege, die Herfried Münkler in seinem Buch über die „Neuen Kriege" erwähnt, betrachtet etwas eingehender der ehemalige Stabsoffizier der Bundeswehr und spätere Publizist Wilhelm Sager in seinem Buch „Fluss ohne Mündung. Klimawandel – Wassermangel – Sicherheit". Bereits 2001 hatte der Autor eine erste Studie unter dem Titel „Wasser" veröffentlicht.

Wasser ist ein Lebenselixier, eine der wichtigsten Ressourcen überhaupt. Es sei „... der Inbegriff des Lebens und der menschlichen Aktivität", schreibt Wilhelm Sager. Mehr als sieben Milliarden Menschen sind auf Wasser angewiesen. Aber die Wassermenge ist unverändert die gleiche wie für die 200 bis 300 Millionen Menschen, die vor mehr als 2.000 Jahren die Erde bewohnten.

Heute herrscht in weiten Teilen der Welt Wassermangel. Daraus ergeben sich zwangsläufig Nutzungskonflikte. Die Wasserknappheit sei eines der größten Sicherheitsprobleme für das 21. Jahrhundert. Wilhelm Sager hält sogar „Wasserkriege" für möglich, wenn es nicht gelänge, zu einer nachhaltigen Wassernutzung zu kommen.

Der ehemalige Stabsoffizier beschreibt das „Konflikt-
potenzial Wasser" eindringlich. Er nimmt die natürli-
chen Gegebenheiten in den Blick, vom weltweiten
Wasserangebot bis zur Niederschlagsverteilung. Dann
wendet er sich den Erscheinungsformen des Wasser-
mangels zu. Ausführlich widmet er sich der Frage, welche Folgen Bevölkerungsdichte, Verstädterung, Ge-
sundheit und ökologischer Raubbau auf die Wasserver-
sorgung haben.

Wilhelm Sager geht es dabei vor allem um regionale
Konfliktherde. In den Vordergrund stellt er die Strei-
tigkeiten, die sich aus der grenzüberschreitenden Wassernutzung ergeben. Die einseitige Ausbeutung von
Euphrat und Tigris durch die Türkei und die daraus resultierende Benachteiligung Syriens und des Iraks sind
ihm ein Beispiel dafür. Die Wasserpolitik rund um das
Jordanbecken, die Auseinandersetzung um den Nil,
jüngst verschärft durch den Staudammbau in Äthio-
pien, die Wasserprobleme um Ganges und Brahma-
putra sowie die Interessengegensätze am Mekong feh-
len nicht.

Nach Einschätzung des Autors wird das Problem weltweit unterschätzt. „Der Wassermangel entwickelt sich
immer mehr zum globalen Problem. Nur wenige der
am stärksten betroffenen Länder verfügen über ausrei-
chende Mittel und technisches Knowhow, um die
Probleme aus eigener Kraft zu bewältigen." Der Streit
um das Wasser verschärfe zudem ohnehin vorhandene
Krisen und Konflikte. Und vor allem verstärke die
Knappheit die Benachteiligung armer und bevölke-
rungsreicher Länder. Für Wilhelm Sager liegt es auf der
Hand, dass dies zur Destabilisierung ganzer Regionen

führt. Deshalb plädierte er schon vor zwanzig Jahren dafür, die Wasserfrage zum Gegenstand internationaler Verhandlungen zu machen. So mühsam es auch sein mag, beispielsweise Nutzungsrechte an einem Flusssystem auszuhandeln, auf die konkurrierende Staaten Anspruch erheben – Absichtserklärungen sind ihm nicht mehr genug.

In seinem Band „Fluss ohne Mündung" vertieft der Autor die Wasserproblematik durch die Betrachtung weiterer Herausforderungen wie beispielsweise den Klimawandel. „Was geschieht an den Küsten Bangladeschs, Gambias, Senegals, des Golfs von Guinea oder im Nildelta, wenn der Meeresspiegel steigt? Was sind die Folgen, wenn die Reisernten in China und Indien aufgrund der globalen Erwärmung geringer ausfallen als bislang? Was, wenn Millionen Menschen schleichend oder schlagartig ihr Land verlassen und in Regionen abwandern, die sie für aussichtsreicher halten, und die sie dann häufig schon als dicht besiedelt vorfinden? Sie exportieren ihre Probleme in andere Regionen, stoßen auf Ablehnung und Abschottung, und in ihrer Hoffnung auf bessere Lebensbedingungen sehen sie sich hier dann zumeist enttäuscht." Die aktuellen kriegerischen Auseinandersetzungen in Syrien oder Irak sind Beispiele dafür, dass der Wassermangel zu Flüchtlingsbewegungen führt, die benachbarte Staaten destabilisieren. Viele Flüchtlinge werden den Weg weiter in Richtung Europa einschlagen. Die jüngsten Ereignisse mit ihrer Unterbringung auf der griechischen Insel Lesbos zeigen, dass Politik und Verwaltung sowohl in Griechenland als auch in der EU überfordert sind, diese so zu behandeln, dass die eigenen Werte und Gesetze beachtet werden.

Detailliert geht Wilhelm Sager auf die Klimaprobleme in den verschiedenen Weltregionen ein. Zahlreiche Kartenausschnitte und Schaubilder visualisieren eindringlich die zumeist dramatischen Verhältnisse an den Flüssen. Schon 2008 wies er darauf hin, dass diese sich mitnichten auf den sogenannten Süden der Welt beschränken. Sie haben sich längst auch auf den Norden ausgebreitet. Die Waldbrände in den USA sowie die Dürren in Teilen Deutschlands belegen das. Die damit verbundenen Probleme bestätigen, dass die Globalisierung nicht nur eine Herausforderung für die ökonomische Weltordnung ist. Wilhelm Sager fordert uns auf „… zu erkennen, dass die ungerechte Ressourcenverteilung zwar kurzfristigen Gewinn und Vorteil bedeuten kann, langfristig jedoch meist hohe Destabilisierungsrisiken in sich birgt, die nur zu schnell aus der betroffenen Region auf andere übergreifen können." Immer dringlicher werden globale Denk- und Handlungsmodelle benötigt, welche die sicherheitspolitischen Folgewirkungen mitbedenken. Auch wenn Politiker in einigen Ländern diese Herausforderungen leugnen, so ist doch offensichtlich, dass sie nur gemeinsam bewältigt werden können.

Eine wirkungsfähige Sicherheitsvorsorge muss diese Herausforderungen und Risiken ernstnehmen. Dies verlangt eine permanente Bedrohungsanalyse, die flexibel auf die verschiedenartigen Anforderungen ausgerichtet werden kann – auf die aktuellen wie auf die erwartbaren. Außerdem darf das Spektrum nicht auf Europa und seine Nachbarschaft begrenzt bleiben, da die

Risiken sich weltweit immer häufiger und immer rasanter von regionalen zu globalen Herausforderungen entwickeln. Die deutsche Politik hat dies erkannt und stärkt ihre Befähigung zur strategischen Vorausschau. Ähnliche Aktivitäten gibt es auch in NATO und EU.

Um einen groben Überblick über die Ursachen von Konflikten, Krisen und Risiken zu bekommen, hilft eine Tour d'Horizon. Wilhelm Sager liefert eine derartige Zusammenschau. Er weist darauf hin, dass der komplexe Mix von Bedrohungen eine fast unkalkulierbare Dichte von Gefährdungen für unsere Sicherheit verursacht. Ihre Unterschiede laden darüber hinaus zu Symbiosen ein. Das ergibt eine brisante Gemengelage, die einerseits nach innen (Staaten/Regionen) zerstörerisch wirkt, und die andererseits außen oft auf Hilflosigkeit oder mangelnde Reaktionsfähigkeit stößt.

Zur Übersicht mag die folgende grobe Aufzählung von Gefährdungen dienen:

- Krisenregionen und regionale Konflikte, Bürgerkriege;

- *Failed states* mit zerbröselnden Gesellschaften und Sozialstrukturen;

- Armut, Hunger, Migration und Flucht;

- Terrorismus;

- Ressourcen – Sicherung vor Ort als auch der Transportwege;

- Klimawandel.

Krisenregionen, regionale Konflikte und Bürgerkriege haben entweder eine etwas längere Geschichte, die oft bis in die Anfänge des vergangenen Jahrhunderts und manchmal noch weiter reichen. Dazu zählen der Balkan, der Nahe Osten und der Kaukasus. Oder sie sind durch den Wegfall vorheriger Vormächte entstanden. Nationalismus und das Streben neuer regionaler Mächte nach Vorherrschaft sind häufig Beweggründe, um auch international zu zündeln. Ein einheitliches Bild der Ursachen ist nicht zu finden, zu verschiedenartig sind die Bedingungen. Innerstaatliche Desorganisation, politisches Missmanagement, strukturelle Mängel oder ethnische und religiöse Feindschaften gehören dazu, um nur einige zu nennen.

Die sogenannten *failed states* sind häufig Ursachen für derartige Entwicklungen, mehr noch aber sind sie Ergebnis solcher Auseinandersetzungen. Sie bringen nicht die Kraft zur Selbststabilisierung auf. Hilfe von außen greift nicht mehr, kommt zu spät oder ist so spärlich oder einseitig ausgelegt, dass eine Rückkehr zur Normalität nicht gelingen will. Darüber hinaus bilden solche Staaten schnell ein sicherheitspolitisches Vakuum, da sie das Gewaltmonopol nicht mehr ausüben. Sie werden dann als Basen für terroristische Gruppen genutzt. Oder sie bilden einen Austragungsort von Konflikten größerer Nachbarn. Somalia, Syrien und Jemen sind Beispiele für Bürgerkriege, in denen ausländische Mächte intervenieren.

Staatsversagen und Staatsverfall bergen daher Konfliktpotentiale für internationale Krisen. Francis Fukuyama stellt dazu in seinem 2004 erschienenen Buch

„Staaten bauen. Die neue Herausforderung internationaler Politik" fest: „Seit dem Ende des Kalten Krieges stellen schwache oder gescheiterte Staaten vermutlich das gravierendste Einzelproblem für die internationale Ordnung dar. Schwache oder gescheiterte Staaten verstoßen gegen die Menschenrechte, provozieren humanitäre Katastrophen, sind Grund für massive Migrationsbewegungen und greifen Nachbarn an."

Armut, Hunger, Migration und Flüchtlinge sind die häufigsten Begleiterscheinungen in Krisenregionen oder in *failed states*. Sie können umgekehrt auch das Zerbrechen von Staaten bewirken oder die Krisen beschleunigen. Naturkatastrophen, Dürren oder Missernten verstärken diese Prozesse häufig. Ausmaß und Intensität wie Dauer verhindern oft eine Erholung. Menschen verlieren die oftmals bereits bescheidenen Grundlagen für ihre Lebensgewohnheiten, ihre sozialen Sicherheiten und ihre Bildungs- und Ausbildungschancen. Dann besteht die Gefahr, dass sie anfällig werden für radikale oder fundamentalistisch religiöse Einflüsterungen, die ihnen Wandel und Besserung versprechen. Durch die Wechselwirkung von Armut, Hunger und Flucht mit zerfallenden Staaten und Gesellschaften entsteht ein Reservoir für die Rekrutierung von Terroristen. Gleichzeitig entstehen Fluchtbewegungen hin zu sicher scheinenden Staaten, vor allem zur europäischen Küste. Das Mittelmeer gilt inzwischen als Transportzone für Flüchtlinge aus allen Teilen Afrikas.

Terrorismus nistet sich überall dort ein, wo das Gewaltmonopol des Gastgeberlandes nicht mehr funktioniert. Er gewinnt Basen und Schlupflöcher, ist schwer zu bekämpfen, weil seine asymmetrische Kampf- und Kriegsführung herkömmliche militärische Gegenaktionen unterläuft, erschwert oder gar nicht zulässt. Außerdem kann der Terrorismus so ungestört und unkontrollierbar seine Ideen, Vorgehensweisen und Aktionen weltweit exportieren und Metastasen bilden. Die daraus erwachsenen Bedrohungen sind global, nicht zuletzt aufgrund der intensiven Nutzung des Internets mit seinen sozialen Medien und dem *dark net*.

Schließlich zieht Terrorismus grenzüberschreitende Kriminalität an oder wird ein Teil von ihr. Der Handel mit nuklearen, biologischen oder chemischen Waffen sieht im Terrorismus à la longue einen Partner, der Ausweitung verspricht und regionale Destabilisierung vertieft. Pakistan steckt in dieser Gefahr.

Abseits dieser bösartigen Gefährdungen und ihrer Tendenz, sich auszubreiten, stehen für die westliche Sicherheitsvorsorge die Gewinnung und die Sicherung von Ressourcen sowie der Handelswege auf der sicherheitspolitischen Agenda obenan. Hierbei geht es sowohl um die eigene Versorgung als auch um die Stabilität der Geberländer und -regionen wie schließlich um einen gesicherten Welthandel.

Längst bestehen globale Abhängigkeiten. Der Erhalt von Energiequellen wird überlebenswichtig. Daneben werden Ressourcen der Naturstoffe immer knapper. Sie gewinnen dadurch unmittelbar sicherheitspolitische Bedeutung. So folgert Wilhelm Sager beispielhaft zum Thema Wasserknappheit: „Auch wenn Wasser in der Geschichte bisher wohl nie der alleinige Grund für Kriege war, sollte die Erkenntnis nicht dazu verleiten, die Interdependenz zwischen Wasserknappheit und internationaler Sicherheit zu unterschätzen. Für die Zukunft und möglicherweise, wie die Situation in Kenia zeigt, bereits für die Gegenwart, dürfte immer stärker gelten: Ohne Wasser keine Sicherheit und keine Perspektive." An anderer Stelle hebt er hervor: „Es gilt zu erkennen, dass ungerechte Ressourcenverteilung zwar kurzfristig Gewinn und Vorteil bedeuten kann, langfristig jedoch meist hohe Destabilisierungsrisiken in sich birgt, die nur zu schnell aus der betreffenden Region auf andere übergreifen können."

Die Ressourcenknappheit verschärft die Abhängigkeit vor allem der westlichen Staaten von Rohstoffen aller Art. Nicht von ungefähr gewinnen die Energieversorgung und die Organisation der Lieferungen vom Förderland zum Verbraucher neuerdings sicherheitspolitische Dimensionen. Das Zudrehen einer Pipeline, das Verringern einer Fördermenge oder das partielle Abschalten der Versorgung wandeln sich zu Instrumenten von Bedrohung, Einschüchterung oder neuen Formen der Gewaltanwendung.

Noch gefährlicher sind die Klimaveränderungen, die bereits heute zu beobachten sind, und die weiteren Klimaentwicklungen, die in nicht wenigen Szenarien dramatische Auswirkungen erwarten lassen. In Verbindung mit den übrigen Problemen Hunger, Armutswanderung, Unterentwicklung, Korruption etc. bergen sie ein vielgestaltiges Drohpotential globalen Ausmaßes. Wenn die Zugänge zu Ressourcen nur noch beschränkt und in geschützten Gebieten möglich sein werden, sind Konflikte und Kriege unausweichlich. Sie werden überdies noch eine weitere Facette der Auseinandersetzung zwischen Arm und Reich sein. Die fast täglichen Versuche der Menschen aus verschiedenen afrikanischen Staaten, mit Booten Südeuropa zu erreichen, sind möglicherweise nur ein milder Vorgeschmack auf die sich ankündigenden Entwicklungen. James Lovelock spricht gar vom „Klimakrieg", auf den die Staaten adäquat vorbereitet sein sollten. Denn: „Sobald die Erde rapide in ihren neuen, heißeren Zustand überzugehen beginnt, wird der Klimawandel mit Sicherheit den wirtschaftlichen und politischen Zusammenhalt der Welt zerschlagen."

Steht die Welt deshalb vor dem Abgrund, wie der Publizist Rainer Bartelt schreibt? Zumindest steht sie vor neuen und bisher in ihrer Komplexität unbekannten Herausforderungen und Gefahren, die folglich umfassende und zum Teil völlig neue sicherheitspolitische Antworten verlangen. „Wir sind in ein Zeitalter der Gegensätze eingetreten", behauptet der US-amerikanische Politikwissenschaftler Robert Kagan in seinem Buch 2008 erschienenen Buch „Die Demokratie und ihre Feinde".

Zusammengefasst heißt das: Bedrohungen und Gefährdungen lassen sich nicht länger und ohne weiteres eingrenzen. Ihre Typenvielfalt verlangt nach einer breiten Palette von Reaktionsoptionen, die nur multinational organisiert werden können. Auch wenn häufig nur einzelne Staaten oder Regionen Austragungsort von Konflikten sind.

Jenseits der zunächst sicherheitspolitisch vorteilhaften und weltweit spürbaren Veränderungen nach der

Überwindung der europäischen Teilung ist die internationale Lage zu Beginn des 21. Jahrhunderts alles andere als frei von militärischen und nicht-militärischen Risiken und Konflikten. Diese haben – wo auch immer sie ausgetragen werden – inzwischen nicht nur regionale Auswirkungen, sie bedrohen generell mittelbar oder unmittelbar auch die Sicherheit und Stabilität Europas. Konflikte „fern in der Türkei" (Goethes Faust) verlangen inzwischen politische und militärische Reaktionsmechanismen. So wie sich die asymmetrische Kriegs- und Konfliktführung globalisiert hat, so dringend sind weltweit organisierbare Schutz- und Hilfsprogramme aufzubauen. Vielfältige destabilisierende Krisen und Kriege überschatten die erfolgversprechenden neuen Formen der internationalen Zusammenarbeit und die ihr innewohnenden integrativen Tendenzen.

Wilhelm Sager ist Beispiel dafür, wie sich ein Offizier von der tradierten militärischen Engfassung des Sicherheitsbegriffs löst und ein weites Verständnis davon erarbeitet. Er ist im wahrsten Sinne des Wortes ein „Vorbild".

# III Eine Welt aus den Fugen

*Carlo Masala*

# Weltunordnung. Die globalen Krisen und das Versagen des Westens, München 2016 (²2018), 192 S.

## Der Bedeutungsverlust des Militärs

Soldaten, die dieses Buch lesen, benötigen eine gehörige Portion Frustrationstoleranz. Der Kernthese Carlo Masalas, dass die Welt in Unordnung geraten ist und nicht so schnell wieder in Ordnung kommen wird, werden viele noch vorbehaltlos zustimmen. Schwere Irritationen wird dagegen das Ergebnis seiner Ursachenforschung auslösen. Den Grund für die globalen Krisen sieht er im gescheiterten Versuch des Westens, die Demokratie weltweit mit militärischen Mitteln zu verbreiten. Damit stellt er zwar nicht die Existenz des Soldaten in Frage, wohl aber deren Leistungen und Opfer in den letzten dreißig Jahren. Ihr globaler Einsatz habe, so der Münchner Politologe, selten Sicherheit und regionale Stabilität produziert. Statt einer stabilen Weltordnung bestimme Chaos die internationalen Beziehungen. Die Welt heute, so resümiert Carlo Masala, ist „… ein unsicherer Platz …, als sie es noch vor dreißig Jahren war." Kurzum: Gut gemeint ist eben nicht gut gemacht.

Doch damit ist es noch nicht genug. Eine Nebenwirkung der militärischen Interventionspolitik sei der Verlust des Militärs an politischer Nützlichkeit. Für die Gestaltung der internationalen Beziehungen seien Streitkräfte nicht mehr der entscheidende Machtfaktor. Auch diese Analyse dürfte Soldaten in den Staaten der westlichen Welt, die bereits mit Akzeptanz- und Wertschätzungsdefiziten zu kämpfen haben, in ihrem Selbstbewusstsein erschüttern. Sie führt zu kognitiven Dissonanzen, die der Einzelne kaum aufzulösen vermag und am liebsten verdrängen möchte. Damit dies nicht so einfach geschieht, wollen wir uns die Argumente des Münchner Politikwissenschaftlers näher anschauen.

Carlo Masalas Analyse beruht auf einer realistischen Theorie internationaler Beziehungen. Deren Protagonisten sehen die Welt als ein anarchisches System, in dem Staaten um Macht ringen, weil diese Währung deren Lebensversicherung ist. Um ihre Macht zu vergrößern, vertreten sie nationale Interessen auf Kosten anderer Staaten. Die Machtbewegungen im internationalen System verstehen Realpolitiker als ein Nullsummenspiel. Was der eine Staat gewinnt, verliert der andere.

Damit grenzt Carlo Masala sich von der liberalen Theorie ab, die nach dem Ende des Kalten Krieges das sicherheitspolitische Denken und Handeln des Westens bestimmte. Deren Protagonisten gehen wiederum davon aus, dass Demokratisierung die Bereitschaft der Staaten fördere, miteinander zu kooperieren. Dabei lernten sie, ihr Handeln an einem Allgemeininteresse auszurichten. Sie versprächen sich davon Win-win-Situationen, wovon alle beteiligten Staaten profitierten. Ein wichtiger Ort für das Aushandeln des Allgemeininteresses seien internationale Organisationen wie beispielsweise die Vereinten Nationen oder die NATO. Wesentliche Grundlage dafür sei das internationale

Recht. Es helfe nicht nur, Konflikte friedlich zu lösen, sondern fördere Verlässlichkeit und Vertrauen.

Carlo Masala, der an der Universität der Bundeswehr in München lehrt, kritisiert die liberale Sichtweise auf die internationalen Beziehungen als in sich widersprüchlich. Die letzten Jahrzehnte hätten gezeigt, dass Großmächte sich nicht an das Recht hielten oder eine Koordinierung und Kooperation in internationalen Organisationen verweigerten, um ihre nationalen Interessen nicht dem Ringen um Kompromisse auszusetzen. Auch sei es dem Westen weniger um ein globales Allgemeininteresse als vielmehr um Maximierung seiner eigenen Sicherheit und seines eigenen materiellen Wohlstandes gegangen. Diese durchsichtige Doppelmoral sei eine der Ursachen, weshalb Staaten wie Russland oder China ein Gegengewicht zum Westen bildeten.

Als Belege für doppelte Standards westlicher Außen- und Sicherheitspolitik führt Carlo Masala Beispiele an, die auch den Soldaten der Bundeswehr gut bekannt sind. Dazu gehört das Paktieren mit Diktatoren und Warlords, wenn es im Interesse der westlichen Politik liegt. Oder das Fordern von demokratischen Wahlen in ehemals autoritär regierten Staaten, wobei es klare Favoriten für die Besetzung von Ämtern gibt und Wahlergebnisse hinterfragt werden, wenn sie den Interessen des Westens widersprechen. Dann, so der Autor, „… übertrumpft realpolitisches Interesse die idealistische Vision".

Die Hauptverantwortung für die derzeitige „Weltunordnung" weist Carlo Masala der Führungsmacht des Westens zu. Nach dem Ende des Kalten Krieges hätten die USA den „unipolaren Moment", als dieses Land die einzige Supermacht war und über scheinbar unbegrenzte Möglichkeiten für die Gestaltung einer neuen Weltordnung verfügte, für einen ideologischen, bis zum bitteren Ende zu führenden „Kreuzzug gegen das Böse" missbraucht. Dies habe den Widerstand nicht nur von Staaten, die aus US-amerikanischer Sicht zur „Achse des Bösen" (Irak, Iran, Nord-Korea) zählten, sondern auch von revisionistischen Staaten wie Russland oder aufstrebenden Mächten wie China befördert. In einem Anfall von Größenwahn hätten die USA also ihre Übermacht falsch genutzt und damit eine multipolare Welt geschaffen, die durch einen alle Lebensbereiche umfassenden Wettbewerb von Großmächten bestimmt ist.

Für diesen globalen Machtkampf, bei dem es auch um die Überlegenheit politischer Systeme und moralischer Weltanschauungen geht, sei, so Carlo Masala, der Westen nicht gut aufgestellt. Dies liege vor allem daran, dass ihm die innere Kohäsion abhandengekommen sei. Der Westen erodiere im Inneren, und seine Gegner versuchten, diesen Prozess durch neue Formen der hybriden Kriegführung zu beschleunigen. Es spielten allerdings auch geopolitische Machtverschiebungen eine wichtige Rolle. Für die mit den USA verbündeten Staaten sei die Notwendigkeit oder die Glaubwürdigkeit des US-amerikanischen Schutzschirmes nicht mehr so gegeben wie zu Zeiten des Kalten Krieges. In der NATO beispielsweise nutzten Mitgliedstaaten ihre neue Handlungsfreiheit dazu, nationale Interessen mit größerem Nachdruck zu vertreten. Konsense seien schwierig, weil Bedrohungswahrnehmungen sich sehr unterschieden. Bisweilen stellen sich Mitgliedstaaten sogar gegen die Interessen und Absichten der Führungsmacht USA. Deutschland beispielsweise verweigerte sich ihrem Führungsanspruch öffentlichkeitswirksam im Zuge des Irakkriegs 2003 und des Luftkriegs gegen Libyen 2011. Die westliche Welt stellt heute, so Carlo Masala, keine politische Handlungseinheit mehr dar, was mehr an den geopolitischen Verschiebungen im internationalen System als an den Entscheidungen einzelner Präsidenten oder Regierungschefs liege.

Folgerichtig diagnostiziert der Münchner Politikwissenschaftler einen dauerhaften Bedeutungsverlust der nach dem Zweiten Weltkrieg unter Führung der USA aufgebauten internationalen Organisationen. Neben den Vereinten Nationen führt der Autor dies am Beispiel der NATO näher aus. Unterschiedliche Bedrohungswahrnehmungen im Osten und im Süden erschwerten das Aushandeln von Kompromissen. Größere Staaten seien immer weniger bereit, ihre Handlungsfreiheit durch Verbündete einschränken zu lassen. Sie machten die NATO vielmehr zu einem weiteren Austragungsort für klassische Machtpolitik. Staaten wie Russland und China nutzten das Konsensprinzip der NATO dahingehend aus, dass sie politischen Einfluss auf ausgewählte Mitgliedstaaten nehmen. Auf diese Weise säßen sie indirekt mit am Tisch von NATO-Entscheidungsgremien. Der Motor der „Kompromissmaschine NATO" gerät, so könnte man sagen, ins Stocken. Es ist daher nicht verwunderlich, dass sicherheits- und militärpolitische Entscheidungen in die Hauptstädte der größeren NATO-Mitgliedstaaten rückverlagert werden. Die NATO ist immer weniger das zentrale Konsultations-, Koordinierungs- und Kooperationsforum für die Außen- und Sicherheitspolitik der westlichen Demokratien. Oder, um es mit den Worten des französischen Präsidenten Emmanuel Macron zu beschreiben, sie ist *brain dead*.

Zwar wehrt sich die NATO tapfer gegen ihren Bedeutungsverlust. Die einvernehmlich beschlossene Militärstrategie von 2019 und das Projekt „NATO 2030" sind ermutigende Belege dafür, dass die Allianz die Zeichen der Zeit erkannt hat und bereit ist, um ihre Zukunft zu kämpfen. Rückenwind dürfte auch durch die USA unter Präsident Biden zu erwarten sein. Dennoch können Carlo Masalas Analysen über die Weltunordnung nicht einfach beiseite gewischt werden. Zur NATO gibt es eine für größere Mitgliedstaaten attraktive Alternative: das bi- oder multilaterale Kooperieren untereinander sowie die Etablierung von Ad-hoc Koalitionen für Militäreinsätze. Diese, so prognostiziert Carlo Masala, würden das bestimmende Muster der Zusammenarbeit von Staaten im 21. Jahrhundert sein. Interessant ist dabei, dass er diese als „*coalitions of the willing and able*" bezeichnet. Die Nützlichkeit von Streitkräften ist also weiterhin gegeben, zumindest wenn Staaten bereit sind, diese modern auszustatten und klug einzusetzen.

Mit dem von Carlo Masala diagnostizierten Bedeutungsschwund der internationalen Organisationen wie den Vereinten Nationen (VN), der Welthandelsorganisation (WHO) oder dem Internationalen Währungsfonds (IWF) verliert der Westen ein wesentliches Spielfeld, auf dem er seine Interessen in der Vergangenheit durchsetzen konnte. Das, was – wie die Besprechungen im zweiten Teil dieser Offiziersbibliothek zeigen – die Hoffnungen in den 1990er Jahren ausmachte, hat sich heute in das genaue Gegenteil verkehrt. Auch hier, so der Autor, trägt der Westen einen gehörigen Teil der Schuld.

Es kommt allerdings noch schlimmer. Der Westen sei nicht nur außen- und sicherheitspolitisch gescheitert. Als „normatives Projekt" erodiere er auch, so Carlo Masala, im Innern vieler Staaten, die zum Westen zählen. Dazu trügen vor allem die Re-Nationalisierungen in Politik und Gesellschaft bei. Zudem hätten die Gegner der westlichen Staaten deren innere Schwäche schon früher erkannt als diese selbst. Vor allem die hybride Kriegführung Russlands oder die Radikalisierungsversuche terroristischer Gruppierungen zielten darauf ab, den inneren Zusammenhalt westlicher Staaten und Bündnisse zu untergraben, um deren Handlungsfreiheit einzuschränken. Die Förderung sozialer Resilienz ist sicherlich die richtige Antwort auf diese Bedrohungen; sie kommt aber recht spät. Die „Spaltpilze" wachsen bereits.

Die Vision einer westlich dominierten „schönen neuen Welt" ist, so könnte man Carlo Masalas Argumentationsstrang zusammenfassen, ausgeträumt, und der Westen selbst ist maßgeblich schuld daran. Sein Versuch, die Welt nach seinem Bilde zu ordnen, bewirkte das genaue Gegenteil: Die Demokratie ist heute auf dem Rückzug, autoritäre Regime sind auf dem Vormarsch. Man beachte den Clou dieser Argumentation: Hauptursache für die heutige Weltunordnung ist nicht das Böse in der Welt, sondern der Westen und sein

Versuch, das aus seiner Sicht Gute anderen aufzuzwingen. Wenn Staaten sich dagegen wehren und Gegenmacht aufbauen, dann bedeute dies nicht einen Angriff auf die westlichen Werte, sondern eine Ablehnung der Politik des Westens. Es handelt sich also nicht um einen „Kampf der Kulturen" im Sinne Samuel Huntingtons, sondern um eine globale Konkurrenz um Macht und Einfluss.

Kommen wir nun zu der These, dass unter den Machtmitteln eines Staates das militärische Instrument an Bedeutung verlöre. Die USA als stärkste Militärmacht sowie die NATO als das erfolgreichste Militärbündnis aller Zeiten büßten also an relativer Macht ein. Der Grund dafür liege nicht so sehr in den Aufrüstungsprogrammen Chinas und Russlands, sondern in der abnehmenden Nützlichkeit von Streitkräften für die Politik in westlichen Staaten. Die tiefere Ursache dafür sei die fehlende gesellschaftliche Unterstützung für deren bewaffneten Einsatz. Nach zwanzig Jahren Krieg wäre es nicht verwunderlich, dass der Rückhalt bei den Bürgern auf einen Tiefpunkt angelangt ist. Vor allem für längere Einsätze ließe sich eine überzeugende Legitimation nicht aufrechterhalten. Zudem seien die Kosten hoch, und militärisch schwächere Gegner könnten sogar gewinnen, weil sie sich besser im Informationskrieg schlügen und ihre Narrative auch in die offenen Gesellschaften des Westens hinein transportierten. Zudem habe sich das für die Strategiebildung wichtige Zentrum der Kraftentfaltung verlagert: Es ginge nicht mehr um die Zerschlagung gegnerischer Armeen, sondern um die Beeinflussung von Gesellschaften mit dem

Ziel, die Handlungsfreiheit ihrer Regierungen einzuschränken. Staaten seien also innenpolitisch eingehegt, was den Einsatz militärischer Gewaltmittel angeht. Zudem hätte sich gezeigt, dass die militärischen Mittel ihre politisch gewünschte Wirkung oftmals verfehlten. Demokratische Regierungen, die Militär einsetzen, stünden daher in Gefahr, Wahlen zu verlieren. Zudem müssten sie sich künftig stärker auf sich selbst konzentrieren, um ihre gesellschaftliche Geschlossenheit als Voraussetzung für außen- und sicherheitspolitische Handlungsfähigkeit zu verbessern.

Russland und China hätten die verringerte Nützlichkeit des Militärs gut verstanden. Die Gegenmacht, die sie gegen den Westen bilden, sei nicht eine der *Hard-*, sondern der *Softpower*. Sie versuchten nicht, über eine ruinöse Aufrüstung die USA auszubalancieren, wie es die UdSSR im Kalten Krieg getan hatte. Sie begrüßten sogar die Absicht der USA, Weltmachtaufgaben zu übernehmen, damit sich diese Supermacht weiter abnutzt und überdehnt. Sie beschränkten sich also auf die Rolle von Trittbrettfahrern, weil dies für ihren relativen Machtgewinn förderlich ist. Zudem behinderten sie die Zusammenarbeit in internationalen Organisationen (weil diese aus deren Sicht primär US-Interessen dienten) oder sie versuchten, darin eine Führungsrolle zu übernehmen, um sie für eigene Interessen einzuspannen. Da die USA weder Russland noch China existentiell bedrohten, ginge es diesen auch nicht um den Aufbau einer globalen Gegenmacht, sondern „nur" um regionale Hegemonie. Dafür sei die Isolation der USA genauso hilfreich wie die Zerstörung des Westens als eines für andere Staaten attraktiven Projekts. Beides trüge zur Desintegration der NATO und zur Verschärfung der innenpolitischen Probleme in demokratischen Staaten bei. Es braucht also keines Krieges, um die USA und deren Verbündete zu schwächen und ihren globalen Führungsanspruch zurechtzustutzen.

Folgerichtig schließt Carlo Masala die Möglichkeit eines absichtlich herbeigeführten Krieges unter Großmächten aus. Andere Realisten wie beispielsweise der US-amerikanische Politikwissenschaftler John J. Mearsheimer sind allerdings ganz anderer Meinung. Für sie ist ein Krieg zwischen dem aufstrebenden China und den USA, die um ihre hegemoniale Stellung fürchten, unausweichlich. Im ersten Teil dieser Offiziersbibliothek hatte die Besprechung des Buches „Wege in der Gefahr" von Carl Friedrich von Weizsäcker gezeigt, dass „der Zwang zur Hegemoniekonkurrenz" Kriege unausweichlich machen könnte. Carlo Masala dagegen glaubt an die kriegsverhindernde Abschreckungskraft von Atomwaffen.

An dieser Stelle sei ein Hinweis auf die Besprechung der Bücher des französischen Generals André Beaufre erlaubt. Für diesen war es ausgemacht, dass Strategen alles versuchen würden, eigene Handlungsspielräume zu vergrößern, auch unter den Bedingungen eines Gleichgewichts des Schreckens oder wirtschaftlicher und militärischer Unterlegenheit. Begrenzte Kriege unter Großmächten oder deren Einmischung in Bürgerkriege seien daher erwartbar. Realistische Szenarien dafür sind heute beispielsweise ein *fait accompli* Russlands durch Besetzung des *Suwalki Gap* zwischen Weißrussland und dem Oblast Kaliningrad oder die Eroberung Taiwans durch China. Darauf geht Carlo Masala nicht

weiter ein. Allerdings weist auch er auf die Schatten-
seite von Atomwaffen hin. Großmächte könnten unter
deren Schutz aggressiver auftreten. Nur so sei, so Carlo
Masala, die Politik Russlands in der Ukraine und Chinas im chinesischen Meer zu erklären. Zudem müsse
auch die Gefahr eines atomaren Krieges aus „Versehen" mitbedacht werden. Wie die Besprechungen im
ersten Teil dieser Offiziersbibliothek zeigen, war die
Sensibilität dafür im Kalten Krieg sehr stark ausge-
prägt.

Welche Folgerungen zieht der Autor nun aus seiner
Analyse der aus den Fugen geratenen Welt? Zunächst
einmal fordert er mehr realpolitisches Denken und
Handeln in Bündnissen und Staaten des Westens. Statt
idealistischen Illusionen nachzurennen, müsse die Bedeutung von Macht in den internationalen Beziehungen und die Renaissance von Großmächten anerkannt
werden. Carlo Masala nennt den Begriff nicht, aber
seine Brille, durch die er auf die Welt schaut, ist die der
*Great Power Competition*, also des globalen Wettbewerbs
unter größeren Nationalstaaten.

Was bedeuten realistischere Ziele für die Außen- und
Sicherheitspolitik? Die Anzahl fragiler oder bereits zer-
fallener Staaten nehme zu, die Bereitschaft westlicher
Staaten, militärisch zu intervenieren, nehme hingegen
ab. Letztere, so Carlo Masala, sollten sich nicht mehr
um die Stabilisierung fragiler Staaten kümmern oder
gar deren Demokratisierung anstreben, sondern die
Folgen von Staatsverfall „managen". Konsequenzen
fordert der Autor auch für die Entwicklungspolitik.
Diese habe sich in eine Sackgasse manövriert: Flucht-
ursachenbekämpfung habe sich unbeabsichtigt in

Fluchtursachenschaffung verkehrt. Wegen der hohen Anzahl von Flüchtlingen, die in Europa leben, müsse deren Einfluss auf die Sicherheitspolitik stärker beachtet werden. Diese könnten als „5. Kolonne" von gegnerischen Staaten und nichtstaatlichen Akteuren instrumentalisiert werden und die eigene Handlungsfreiheit einschränken.

Welche Folgerungen zieht Carlo Masala speziell für die deutsche Sicherheitspolitik? Zunächst einmal fordert er ein Ausbrechen aus der Multilateralitätsfalle. Die Beteiligung deutscher Streitkräfte an Interventionen mit dem primären Ziel, Bündnissolidarität zu zeigen, ergibt für ihn keinen Sinn mehr. Er fordert stattdessen, dass Deutschland sich mit der Bundeswehr nur dann an Einsätzen beteiligt, wenn nationale Interessen dies unabdingbar machen. Einsätze wie im Kongo 2006 oder in Afghanistan seit 2001 lehnt er damit ab. Auch wenn Carlo Masala den Schwerpunkt auf die Landes- und Bündnisverteidigung legt, bedeutet dies keineswegs, dass Einsätze für das internationale Krisenmanagement generell auszuschließen sind. Eine deutsche Beteiligung oder sogar Führungsrolle setze allerdings eindeutig definierte nationale Interessen voraus. Damit ändere sich auch die Rolle Deutschlands in NATO und EU. In diesen Organisationen müsse es unserem Land darum gehen, nationale Interessen durchzusetzen oder zumindest zu verhindern, dass Beschlüsse gegen deutsche Interessen zustande kommen. Die bisherige schwammige Rhetorik von „Bündnissolidarität" und „Übernahme internationaler Verantwortung" müsse durch klar formulierte nationale Interessen ersetzt werden. Deutlich zeigt sich hier der realistische Theoriehintergrund von Carlo Masala. Seine Folgerungen stehen in einem diametralen Gegensatz zu den Forderungen von Carl Friedrich von Weizsäcker oder, wie wir später sehen werden, von Herfried Münkler und Wolfgang Ischinger.

Daran schließt sich die Frage an, wie Deutschland auf die Angebote der neuen US-Administration unter Joe Biden zur Stärkung der transatlantischen Beziehungen reagieren sollte. Ist es sinnvoll, mit den USA den Multilateralismus wiederzubeleben, wenn sich europäische Staaten davon abwenden? Vielleicht liegen hier Erklärungen für das insgesamt verhaltene Echo selbst Deutschlands auf die Rede Präsident Bidens während der Münchner Sicherheitskonferenz 2021.

Wie geht es weiter mit der EU? Für Carlo Masala leitete der Brexit den Anfang vom Ende der EU ein. Er sieht kaum mehr Möglichkeiten, gemeinsame Interessen unter ihren Mitgliedstaaten zu erarbeiten. Gleichwohl habe Deutschland ein vitales Interesse an Frieden und Freiheit in Europa: Als Zentralmacht sei jede „Entwicklung, die geeignet ist, die Sicherheit und Stabilität Europas zu gefährden, … eine unmittelbare Bedrohung deutscher Interessen".

Die stärkere Hinwendung Deutschlands zu Realpolitik und nationalen Interessen impliziere auch den bewusst herbeigeführten Abschied von dem Selbstverständnis als „moralischer Supermacht": Deutschland müsse seine Interessen selbständig wahrnehmen können und Initiativen ergreifen, weil die Welt instabil bliebe und internationale Organisationen an Bedeutung verlören.

Kommen wir nun zur Nützlichkeit von Streitkräften für die deutsche Sicherheitspolitik. Carlo Masala bewertet diese als eingeschränkt. Wie eingangs angeführt, stellt er einen allgemeinen Bedeutungsverlust dieses Machtfaktors fest. Streitkräfte würden allerdings nicht obsolet. Der Autor sieht ihren Zweck in der Verteidigung des eigenen Territoriums und als allgemeine Rückversicherung gegen das Unerwartete. Aufgrund des Bedeutungsverlusts von NATO und EU werde es wichtiger, dass Staaten Streitkräfte selbst einsetzen könnten, was nationale Führungsfähigkeit sowie strategische Kompetenz erfordere. Deutschland hat, wie im Weißbuch 2016 angekündigt, diesen Weg bereits eingeschlagen.

Was bedeutet dies für die Bundeswehr? Damit kommen wir abschließend zu den Irritationen, die Carlo Masalas Kernthesen unter Soldaten auslösen dürften. Vor rund dreißig Jahren, in der Euphorie unmittelbar nach dem Ende des Kalten Krieges, fragten viele, welchen Zweck Streitkräfte überhaupt noch hätten. Der Ausweg aus der Sinnkrise war die Beteiligung der Bundeswehr an Auslandseinsätzen internationaler Organisationen. Heute, am Ende des Zeitalters der militärischen Interventionen, ist die Sinnkrise wieder da. Nicht nur wegen der unerfüllten politischen Ziele in den überambitionierten Auslandseinsätzen, sondern auch aufgrund unserer Einsicht, dass unsere Gegner nicht gegen unsere westlichen Werte kämpfen oder unsere Sicherheit bedrohen, sondern gegen unsere Einmischung in ihre Länder.

Zur Sinnkrise dürfte zudem die von Carlo Masala beschriebene und von den Soldaten im Einsatz am eigenen Leibe erfahrene Doppelgesichtigkeit der westlichen Politik beitragen. Die strategische Kommunikation nach außen stellt die westlichen Werte, die im Einsatzgebiet verbreitet werden sollen, in den Vordergrund. In den von den Soldaten vor Ort wahrgenommenen Wirklichkeiten des Einsatzes überwiegen dagegen die realpolitischen Interessen. Carlo Masala spricht sich nicht gegen Letzteres aus, ganz im Gegenteil. Es entsteht allerdings eine kognitive Dissonanz für die soldatische Mentalität. Um es in den Worten des Militärhistorikers Sönke Neitzel zu sagen: Nach außen hin wird der Soldat als Sozialarbeiter dargestellt, in der von ihm wahrgenommenen Wirklichkeit ist er jedoch vor allem Kämpfer. Dieses (Selbst-)Bild wird indessen weder nach außen in Politik und Gesellschaft noch nach innen in die Bundeswehr hinein kommuniziert.

Welchen höheren Sinn können Soldaten noch in ihrem Beruf sehen? Trotz des Bedeutungsverlusts von Streitkräften als Mittel der Politik wächst das Bewusstsein, dass diese in einer aus den Fugen geratenen Welt eine unverzichtbare Rückversicherung gegen strategische Überraschungen sind. Die aggressive russische Außenpolitik seit 2014 trägt dazu genauso bei wie der Aufstieg Chinas oder die gegenwärtige Corona-Pandemie. Carlo Masala lenkt unseren Blick auch auf Kriege unter Großmächten, die aus Versehen entstehen.

Voraussetzung für eine Beteiligung der Bundeswehr an größeren bewaffneten Einsätzen sind, so argumentiert der Politikwissenschaftler, vitale nationale Interessen.

Sollte dies der Fall sein, würde Deutschland strategische Initiativen ergreifen und größere Kontingente von Bodentruppen einsetzen. Da Deutschlands Wohlstand von Exporten abhängt, gehöre auch die militärische Sicherung von Verbindungswegen für Rohstoffe und Industriegüter aller Art dazu. Insgesamt dürfen sich die Soldaten der Bundeswehr darauf verlassen, dass die Politik eine realistischere, weniger von Wunschdenken bestimmte Sicherheitspolitik verfolgen wird. Bisweilen wird es nur darum gehen, Schlimmeres zu verhindern. Schon 2016 sagte der Berliner Politikwissenschaftler Herfried Münkler bei einem Vortrag im Kommando Heer in Strausberg, dass es schon ein Erfolg sei, ein Land wie Afghanistan über 15 oder 20 Jahre einigermaßen stabil zu halten. Carlo Masala sieht dies ähnlich, wenn er Militäreinsätze auf das Management der Folgen von Staatsverfall beschränkt.

Insgesamt ist Carlo Masala ein gut verständliches Buch gelungen, das viele Zusammenhänge, auch solche, die Soldaten der Bundeswehr nicht gerne hören, feststellt. Es gibt ihnen hilfreiche Anregungen für das Nachdenken über die Nützlichkeit ihres Berufs in einer Welt in Unordnung.

*Donald Abenheim, Carolyn Halladay*

# Soldiers, War, Knowledge and Citizenship: German-American Essays on Civil-Military Relations, Berlin 2017, 341 S.

## Formen der Desintegration

Nach den Buchbesprechungen, die sich mit einer global ausgerichteten Sicherheitspolitik beschäftigen, ist es an der Zeit, näher auf deren innenpolitische Voraussetzungen einzugehen. Das Buch der beiden US-amerikanischen Historiker Donald Abenheim und Carolyn Halladay ist eine deutliche Warnung, dass demokratische Staaten, die ihre Soldaten in die Welt hinausschicken, um Bedrohungen an deren Ursprungsort zu bekämpfen, eine stabile Heimatfront benötigen. Dazu gehören auch belastbare demokratische zivil-militärische Beziehungen.

Die beiden US-Experten für europäische Geschichte verfügen über ein feines Gespür für gesellschaftspolitische Fehlentwicklungen. Sie schreiben über die Rückkehr der Gespenster aus alten, längst vergangen geglaubten Zeiten. Auch in den Demokratien des Westens gingen politischer Extremismus, Fremdenfeindlichkeit und zunehmende Gewaltbereitschaft eine unheilige Allianz ein. Vor dem, was am 6. Januar 2021 in Washington beim Sturm auf das Kapitol Wirklichkeit wurde, hatten sie genauso gewarnt wie vor der Rückkehr von Nationalismus und Antisemitismus in Europa. Die Weltlage sei heute wie am Ende des 19. Jahrhunderts, als die innenpolitischen und geistigen Voraussetzungen geschaffen wurden für die Weltkriege und die in ihrem zerstörerischen Wirkungskreis vollzogenen Verbrechen gegen die Menschlichkeit.

Ein besonderes Augenmerk legen die Autoren auf das Militär und deren Beziehungen zu Politik und Gesellschaft. Sie schauen vornehmlich auf die US-amerikanischen Streitkräfte, ziehen jedoch auch Vergleiche zu europäischen Verbündeten, insbesondere zur Bundeswehr, die ihr Verhältnis zu Politik und Gesellschaft in der Konzeption der Inneren Führung geregelt hat.

Die heutigen Belastungen der demokratischen zivil-militärischen Beziehungen resultierten, so argumentieren die Autoren, vor allem aus der Wehrstruktur. In den Staaten des Westens seien Wehrpflichtarmeen weitestgehend durch Freiwilligen- bzw. Berufsarmeen ersetzt worden. Deren Soldaten seien den Belastungen der langen Kriege mit mehrfachen Einsätzen in entfernten Regionen und einer brutalen, asymmetrischen Kriegsführung ausgesetzt, während die Bürger zuhause weitgehend ihrem Alltag nachgehen könnten.

Auf diese ungleiche Lastenverteilung reagierten die Bürger der USA mit einem „schlechten Gewissen". Daraus erwüchse eine Heroisierung der Soldaten und eine moralisch gefühlte Verpflichtung, ihnen im Alltag persönlich für ihren Dienst zu danken. Was auf den ersten Blick wie eine authentische Form der Wertschätzung aussieht, sei in Wirklichkeit nur ein Lippenbekenntnis. Ein Verständnis dafür, was Soldaten tun, bestünde in der Zivilgesellschaft kaum. Auch die Akzeptanz der Auslandseinsätze schwinde. Eine öffentliche Debatte darüber fehle weitgehend. Zwar äußerten sich pensionierte Generale und Admirale häufig in den Medien; sie täten dies jedoch oftmals im Auftrag des Pentagon.

Die US-amerikanischen Soldaten wiederum neigten zu elitärem Kastendenken. Ihre Selbstabschottung gegenüber einer als dekadent gebrandmarkten Gesellschaft würde durch Politik und militärische Führung gefördert werden, indem diese die Überlegenheit der soldatischen Tugenden auch für den zivilen Bereich proklamierten. Militäruniversitäten beispielsweise seien deshalb besser, weil deren Studenten über Kampferfahrung, Charakterstärke und Opferbereitschaft verfügten. All diese Entwicklungen hätten zu tiefen Rissen zwischen Militär und Zivilgesellschaft geführt und Polarisierung sowie Radikalisierung begünstigt. Dass (ehemalige) Soldaten selbst dazu beitragen, demokratische Institutionen zu zerstören oder von Politikern dazu instrumentalisiert werden, zeigen die Vorgänge in den USA im Zuge der letzten Präsidentenwahl. Zu dem Mob, der am 6. Januar 2021 das Kapitol stürmte, zählen erschreckend viele (ehemalige) Soldaten. Die USA unter Präsident Joe Biden werden sich zunächst um eine größere gesellschaftliche Geschlossenheit bemühen und politischen Extremismus auch in den Streitkräften bekämpfen, bevor sie sich außen- und sicherheitspolitisch global stärker engagieren.

Besonders problematisch sei, so die Autoren, dass die Auslandseinsätze zu einer Politisierung der Soldaten geführt hätten. Damit meinen sie nicht eine Betonung der politischen Bildung, um beispielsweise die politischen Auswirkungen militärischen Handelns besser beurteilen zu können. Sie zeigen vielmehr auf, wie Erfahrungen in der Aufstandsbekämpfung (*Counterinsurgency*) die Bereitschaft von Soldaten vergrößerte, für innenpolitische Auseinandersetzungen in ihrem Heimatland auch antidemokratische Mittel bis hin zum Einsatz von Gewalt anzuwenden. Dieses Phänomen sei nicht neu. Soldaten der britischen und französischen Armee hätten früher in den Kolonialkriegen gelernt, wie sie Politik beeinflussen konnten. Diese Erfahrungen wandten sie nach Rückkehr in ihren Heimatländern an. Auch die aktuellen Vorgänge im Kommando Spezialkräfte der Bundeswehr (KSK) bestätigen die These, dass Kastendenken, Überlegenheitsgefühle gemischt mit Anerkennungsdefiziten und eine Beteiligung an Aufstandsbewältigung zu Radikalisierungen unter Soldaten führen können. Das KSK ist heute nur noch eingeschränkt als Instrument für die deutsche Sicherheitspolitik verfügbar. Die dortigen Vorgänge belegen anschaulich, wie die Handlungsfreiheit von Regierungen auf belastbare demokratische zivil-militärische Beziehungen und einem Verfassungspatriotismus der Soldaten angewiesen ist.

„Formen der Desintegration" lassen sich also auch für Deutschland und die Bundeswehr diagnostizieren. Gleichwohl sehen die Autoren in der Konzeption der Inneren Führung eine bewährte Integrationsleitlinie. Sie hülfe, Desintegration zu vermeiden bzw. deren schädliche Wirkungen zu heilen. Eindringlich appelliert Donald Abenheim in seinem neuesten Buch, den „Staatsbürger in Uniform zu retten".

Die Leser des Buches von Donald Abenheim und Carolyn Halladay werden staunen, wie gut diese die Innere Führung kennen. Es dürfte sie auch überraschen, dass die Autoren den US-amerikanischen Streitkräften deren Übernahme empfehlen. Insgesamt ist ihr Buch ein Weckruf, der Inneren Führung mehr Gewicht in der Bildung von Soldaten aller Dienstgrade einzuräumen. Dies wäre ein wichtiger Beitrag für eine belastbare deutsche Außen- und Sicherheitspolitik.

*Wolfgang Ischinger*

## Welt in Gefahr. Deutschland und Europa in unsicheren Zeiten, Berlin 2018, 298 S.

### Die Kunst des Machbaren

Unter den Veröffentlichungen über internationale Beziehungen und Sicherheitspolitik ist Wolfgang Ischingers Buch etwas ganz Besonderes. Der Autor liefert keine politikwissenschaftliche Studie, die sich mit konkurrierenden Theorien auseinandersetzt und begründet, warum die eigene Sichtweise die richtige ist. Ihm sind Debatten über Realismus und Liberalismus nicht so wichtig; denn Außen- und Sicherheitspolitik verliefe nicht entlang dieser Schwarz-Weiß-Kontrastierung, sondern „… in einem Spektrum von Grautönen". Wie pragmatisch und dabei friedensorientiert Diplomatie ist, veranschaulicht der Botschafter sehr überzeugend am Beispiel des Krisenmanagements auf dem Balkan in den 1990er Jahren, bei dem er an vorderster Stelle beteiligt war. Wolfgang Ischinger hatte mehrfach das Glück, zur richtigen Zeit am richtigen Ort zu sein, um Sicherheitspolitik an der Seite von Politikern aktiv mitzugestalten. Allerdings gibt er gerne zu, dass sein Dienstantritt als deutscher Botschafter in Washington am Tag der Terroranschläge vom 11. September 2001 alles andere als glücklich war.

Angenehm ist es für den Leser dieses Buches, dass der Autor seine eigene Rolle in der Gestaltung von Sicherheitspolitik herauszustellen vermag, ohne eitel und arrogant zu wirken. Er bedient sich zudem einer Sprache, die sich sowohl von wissenschaftlichen Diskursen als auch von offiziellen politischen Verlautbarungen wohltuend abhebt. Seine Sätze sind in einer schnörkellosen Sprache formuliert und gut zu verstehen. Er scheut sich nicht vor klaren Ansagen und bewertet manche Ansichten schlichtweg als „dumm". Besonders gelungen sind seine bildhaften Vergleiche, wenn er beispielsweise davon spricht, dass Deutschland sich nicht wie „Bullerbü" abschotten dürfe oder Einsicht in die begrenzten Möglichkeiten humanitärer Interventionen fordert, da „ein Diktator weniger noch keinen demokratischen Sommer" mache. Kurzum: Wolfgang Ischingers Buch ist nicht nur ein intellektueller Gewinn und ein praxisnaher Ratgeber für kluge Diplomatie, sondern auch eine unvergessliche Lesefreude.

Soldaten können von den mit Erinnerungen angereicherten Analysen dieses langjährigen Praktikers an vorderster diplomatischer Front und nunmehr auch schon langjährigen Leiters der Münchner Sicherheitskonferenz in mehrfacher Hinsicht profitieren. Zum einen erhalten sie intime Einblicke in den Maschinenraum der Politik. Wer selbst im IFOR- oder SFOR-Einsatz in Bosnien-Herzegowina gedient hat, lernt über die im Vorfeld gelaufene Diplomatie in Dayton und versteht, wie die politischen Rahmenbedingungen für seinen Einsatz zustande kamen. Zum anderen erfahren die Leser Interessantes über die Persönlichkeit der handelnden Politiker. Wolfgang Ischinger hatte sich damals hineingedacht in die politischen Visionen und moralischen Überzeugungen von Politikern wie die drei Bundeskanzler Helmut Kohl, Gerhard Schröder und Angela Merkel. Deutlich unterstreicht er in seinen Ausführungen die nicht zu überschätzende Bedeutung von Vertrauen in den Beziehungen zwischen Staaten und ihren Lenkern. Interessant ist auch, dass kleine Dinge der diplomatischen Arbeit wie beispielsweise die Wahl des Gesprächsthemas (er beschreibt dies am Beispiel seines Antrittsbesuchs beim britischen Staatsoberhaupt, der Queen) und die richtigen Gesten bei öffentlichen Auftritten (das wohl bekannteste Beispiel ist der Kniefall Willy Brandts in Warschau) enorme positive Wirkungen erzielen. Sie führen jedoch auch zu politischen Zerwürfnissen und Skandalen, wenn man die Fallstricke nicht beachtet. Welche Auswirkungen Missverständnisse haben können, beschreibt er anhand eines Gesprächs zwischen Präsident Bush und Bundeskanzler Schröder im Vorfeld des Irakkrieges. Die lässige Bemerkung des Bundeskanzlers beim Abendessen „Wenn man handeln muss, dann schnell und ohne lange zu fackeln" wurde von der US-amerikanischen Seite als Zustimmung zum Irakkrieg interpretiert. Bekanntlich opponierte Deutschland später dagegen. Das Vertrauen sank auf einen Tiefpunkt.

An dieser Stelle sollen kurz wesentliche Charakteristika der diplomatischen Arbeit beschrieben werden, auf die Wolfgang Ischinger in den verschiedenen Kapiteln seines Buches immer wieder zurückkommt. Diplomatie sei, so der Autor, „die Kunst des Machbaren". Nicht immer gäbe es gute Lösungen, oftmals nur schlechte und weniger schlechte. Krisen würden häufig nicht rechtzeitig erkannt oder falsch eingeschätzt. Strategische Überraschungen werde es daher immer wieder geben. Wille, Mut, Initiativbereitschaft, Tatkraft, langer Atem und strategische Geduld seien unverzichtbare

Einstellungen und Tugenden für einen erfolgreichen Diplomaten.

Überhaupt seien Außen- und Sicherheitspolitik durch Widersprüche gekennzeichnet. Man müsse mit Diktatoren verhandeln, auch wenn damit die Glaubwürdigkeit des Westens, wie Carlo Masala herausstellt, untergraben wird. Selbst mit Kriegsverbrechern müsse man reden. Den Einsatz militärischer Gewalt möchten Diplomaten möglichst vermeiden, was aber nicht immer gelinge. Diese Ambiguität beschreibt der Autor mit folgenden Sätzen: „Ich habe … gelernt, dass man um des Friedens willen auch mit Kriegsverbrechern reden muss und dass das Ziel des Friedens manchmal nur durch den Einsatz militärischer Macht erreichbar ist." Die Einsicht in die politische Nützlichkeit von Streitkräften ist nicht neu. Bereits Friedrich dem Großen wurde, so Wolfgang Ischinger, das Bonmot zugesprochen: „Diplomatie ohne Waffen ist wie ein Orchester ohne Instrumente."

Wichtig für die Bildung politischer Urteilskraft bei Soldaten ist Wolfgang Ischingers Hinweis, dass Diplomatie auf einem weiten Verständnis von Sicherheit beruhen muss: „Wer heute über globale Sicherheit reden will, kann Finanzkrisen, Rohstoffkrisen und Klimawandel nicht ausklammern". Die in den letzten Jahren kontrovers diskutierte Verpflichtung von NATO-Mitgliedstaaten, zwei Prozent ihres Bruttoinlandsproduktes für Verteidigung auszugeben, stellt das Militärische in den Vordergrund. Wolfgang Ischinger schlägt stattdessen vor, die Messlatte auf drei Prozent zu erhöhen und dabei die Ausgaben für Diplomatie und Entwicklungshilfe mit einzubeziehen. Dieser gut begründete Vorschlag fand bisher keine politische Akzeptanz.

Setzen wir unsere Besprechung nun mit Wolfgang Ischingers Analysen und seinen Schlussfolgerungen für sicherheitspolitisches Handeln in einer „Welt in Gefahr" fort. Sie orientiert sich dabei an der Dreiteilung des Titels bzw. Untertitels – Welt, Europa, Deutschland.

Wolfgang Ischingers Diagnose der weltpolitischen Großwetterlage im Jahr 2018 lautet: Die Welt ist aus den Fugen geraten, die liberale Weltordnung ist ins Rutschen gekommen, die Welt ist viel gefährlicher geworden: „Ganz gleich, wohin das Auge schaut, auf der Welt gibt es unzählige Konflikte, viele Krisen, die wir Europäer bis nach Hause spüren können." Im weltweiten Anstieg der Rüstungsausgaben sieht er „ein Fieberthermometer für die steigenden Spannungen und blutigen Konflikte". Dabei seien die weithin bekannten Kriege in Syrien oder Mali nur die Spitze eines „Gewalt-Eisbergs". Viele Konflikte blieben einfach unsichtbar für die Weltöffentlichkeit. Auch in Europa sei der Einsatz von militärischer Gewalt nicht ausgeschlossen, wie der Konflikt in der Ukraine oder die instabile Lage auf dem Balkan zeigten.

Wolfgang Ischinger will diese Analyse nicht als Panikmache verstanden wissen. Tatsächlich gebe es, global betrachtet, einen positiven Trend: die Anzahl der Opfer von Krieg und Gewalt ist seit dem Zweiten Weltkrieg zurückgegangen, Millionen Menschen sind aus der Armut herausgeholt worden. Er selbst ist davon überzeugt, dass der Weg zum Frieden selbst in Situationen, die einem *Fog of War* ähneln, gefunden werden könne. Sein Buchtitel „Welt in Gefahr" soll Risikobewusstsein wecken, damit der positive Trend der letzten siebzig Jahre nicht umgekehrt wird. Zugleich wirbt er für Verständnis, „… warum gute Außenpolitik und Diplomatie im 21. Jahrhundert so verdammt schwierig sind".

Die Ursachen dafür sieht Wolfgang Ischinger im Verhalten der Großmächte. Trump hält er für einen noch größeren „Verunsicherer" als Putin. Er warnt vor einem Krieg aus Versehen, nicht zuletzt deshalb, weil Russland immer wieder militärische Zusammenstöße provoziere. Im Unterschied zu Carlo Masala bewertet Wolfgang Ischinger die Kriegsgefahr zwischen den Großmächten als deutlich höher. Er betont dabei die Gefahren einer atomaren Eskalation. Diese sei keineswegs gebannt. Er mahnt, dass es bei einem Versagen der nuklearen Abschreckung „nur dreißig Minuten bis zum großen Krieg" dauern würde. Damit weckt er Erinnerungen an den Kalten Krieg, vor allem an die Debatten über den NATO-Doppelbeschluss. Rüstungskontrolle, so lautet sein Plädoyer, müsse wieder im Zentrum von Sicherheitspolitik stehen.

Wolfgang Ischinger gibt fünf Gründe an, weshalb Frieden und Stabilität nur schwer zu erreichen sind:

1. Das Ende der globalen US-Hegemonie mit der relativen Machtverschiebung hin zu Ländern, die nicht zum Westen gehören. Die Frage, ob der Aufstieg Chinas friedlich gestaltet werden und ob die liberale Weltordnung geopolitische Machtverschiebungen unbeschadet überstehen kann, bleibt offen.

2. Unvereinbare Narrative, alternative Fakten, Lügen und Desinformation bis hin zu Wahlmanipulationen bewirken einen Vertrauensverlust unter den Staaten. Regelmäßige Kontakte auf politischer und militärischer Ebene gibt es kaum mehr.
3. Die mangelnde Prognosefähigkeit von Krisen erschwert die Konfliktverhütung.
4. Der Nationalstaat kann die heutigen sicherheitspolitischen Herausforderungen nicht allein lösen. Autoritäre Führer und Populisten gaukeln ihren Bevölkerungen vor, dass dies dennoch möglich sei.
5. Krieg verändert sein Erscheinungsbild. Es dominieren bürgerkriegsähnliche Konflikte und die Verwendung moderner Technologien (Drohnen, Cyberangriffe).

Die Veränderungen im internationalen System erschweren sogar die Kooperation unter den Staaten des demokratischen Westens. In der NATO sind voneinander abweichende Bedrohungswahrnehmungen der Mitgliedstaaten nur schwer zu harmonisieren. Wegen unterschiedlicher Auffassungen in der emotional aufgeladenen Flüchtlingskrise weigerten sich Politiker von EU-Staaten, miteinander auf einem Panel der Münchner Sicherheitskonferenz zu diskutieren. Für den Diplomaten Wolfgang Ischinger, der die Notwendigkeit sieht, mit Diktatoren und Kriegsverbrechern zu reden, wenn dies dem Frieden dient, muss diese Verweigerungshaltung eine ernüchternde Erfahrung gewesen sein.

Eigene Kapitel widmet der Autor den USA und Russland. Er beschreibt die außen- und sicherheitspolitischen Denktraditionen in beiden Ländern und zeigt Empathie für die strategischen Schocks (9/11 und Zerfall der UdSSR), die sie ins Herz getroffen bzw. den Nationalstolz verletzt hätten.

Mit sehr viel persönlicher Erfahrung als Botschafter Deutschlands in Washington beschreibt Wolfgang Ischinger den Rückzug der USA aus der internationalen Verantwortung. Bereits Präsident Barak Obama habe ein *leading from behind* praktiziert. Sein Nachfolger vollzog die „Abdankung der USA" unter dem Slogan „*America first*" und zwar so radikal, dass das bilaterale Verhältnis zu manchen Alliierten und der Zusammenhalt der NATO insgesamt beschädigt wurden. Allerdings hätten auch die Europäer zu dieser Entwicklung beigetragen. Es sei doch bereits 2009/10 offensichtlich gewesen, dass die USA die sicherheitspolitischen Probleme der Welt nicht ohne Unterstützung von Alliierten bewältigen konnten. Europa habe sich wegen der damaligen Finanzkrise zu sehr mit sich selbst beschäftigt.

Damit stellt sich die Frage nach der Verantwortung für die künftige Weltordnung. Für Wolfgang Ischinger ist klar: Europa müsse mehr tun, dürfe sich allerdings nicht von den USA abnabeln. Deren atomare Sicherheitsgarantie sei unverzichtbar, nicht zuletzt, um zu verhindern, dass die „Geisterdebatte" über eine atomare Bewaffnung Deutschlands Realität werde. Für die Stabilität der liberalen Weltordnung seien die beiden Pfeiler USA und Europa weiterhin unverzichtbar.

In seinem Kapitel über Russland stellt der Autor den Wandel dar von Putin I, mit dem „gut Kirschen essen" war, zu Putin II, der die NATO-Erweiterung als Provokation beurteilt und eine konstruktive Zusammenarbeit verhindert. Lageanalysen und Narrative seien so unterschiedlich zwischen West und Ost, dass daraus „asymmetrische Debatten in Endlosschleifen" entstünden. Überhaupt unterscheide sich das Verständnis von Diplomatie fundamental. Während westliche Staaten wie Deutschland vertrauensvolle Beziehungen zu Nachbarn aufbauten, spiele Russland mit dem Faktor Angst. „Wenn die sich vor uns fürchten, ist das doch ganz gut", laute ein Grundsatz russischer Außenpolitik. Zwar gibt auch Wolfgang Ischinger zu, dass der Westen im Umgang mit Russland Fehler gemacht habe. Diese rechtfertigten allerdings keinesfalls die revisionistisch-aggressive Außenpolitik Russlands. Heute sei die Ukraine einer der Schauplätze, auf denen die *Great Power Competition* über die Ausgestaltung der neuen Weltordnung ausgetragen werde.

Wolfgang Ischinger belässt es nicht bei dieser bedrückenden Analyse. Er unterbreitet zahlreiche Vorschläge, wie Russland wieder in das europäische Haus zurückgeholt werden könne und darin ein eigenes Zimmer bekomme. So schlägt er vor, die EU und die USA in die Verhandlungen mit Russland über den Ukraine-Konflikt hinzuzuziehen.

Welche geopolitische Rolle spielt Europa nun zwischen den beiden Flügelmächten USA und Russland? Schon an dieser Stelle sei vorweggenommen, dass der deutsche Diplomat ein großer Freund und Unterstützer der EU ist. Er hält sie für ein unverzichtbares europäisches Friedensprojekt. Zudem hätten die vielen grenzüberschreitenden Herausforderungen klar die

Grenzen der Handlungsfähigkeit der europäischen Nationalstaaten aufgezeigt. Wenn die EU nicht schon existierte, müsste sie heute erfunden werden. Allen Unkenrufen zum Trotz sieht er keine Erosion dieser supranationalen Organisation. Sie sei „quicklebendig" und sehr erfahren im eigenen Krisenmanagement. Insgesamt verbreitet er Optimismus über ihre Zukunft.

Der Bereich, der die europäische Integration voranbringen könnte, sei die Außen- und Sicherheitspolitik. Dafür sprächen die Entwicklungen im internationalen System: Die EU müsse „weltpolitikfähig" werden. Folgerichtig plädiert Wolfgang Ischinger für eine Europäisierung der Verteidigung, nicht zuletzt, um die Verteidigungshaushalte effizienter zu nutzen. Konkret fordert er den Aufbau einer europäischen Armee sowie die Einführung von Mehrheitsentscheidungen in der Außen- und Sicherheitspolitik.

Seine optimistischen Visionen für Europa hindern den erfahrenen Diplomaten nicht daran, die Defizite und Fehler der EU klar zu benennen. In den Mittelpunkt stellt er ihr Versagen im Bürgerkrieg in Syrien. Chancen seien vertan worden, weil die Mitgliedstaaten keinen gemeinsamen Willen zum Eingreifen aufbringen konnten. Nun müsse Europa mit den Folgewirkungen dieses eskalierten Bürgerkrieges zurechtkommen. Die Glaubwürdigkeit Europas habe bereits Schaden genommen.

Verbesserungswürdig sei auch die Strategiefähigkeit der EU. Die zu Beginn des Bürgerkriegs in Syrien geäußerte Forderung, „Assad müsse weg", ersetze doch nicht eine kluge Strategie. Selbst wenn der syrische

Diktator abgedankt hätte: Konzepte, was danach passieren sollte, gab es nicht.

Im Zuge seiner Analysen geht der Autor der Frage nach, welche sicherheitspolitische Rolle Deutschland innehabe. Zurückhaltung aufgrund seiner Geschichte sei fehl am Platze. Zwar sieht er unser Land als eine „schuldbeladene Nation". Doch unter Bezug auf die Rede des damaligen Bundespräsidenten Joachim Gauck während der Münchner Sicherheitskonferenz 2014 lehnt er eine historisch begründete „Selbstprivilegierung" ab. Aus der Geschichte dürfe kein „Recht auf Wegsehen" abgeleitet werden. Auch hier zeigt sich die sehr schöne bildhafte Sprache des Autors, wenn er schreibt: „Kurz: Man kann nicht alles mit der eigenen schweren Kindheit entschuldigen. Irgendwann ist es an der Zeit, erwachsen zu werden und Verantwortung zu übernehmen, auch und gerade für die unangenehmen Aufgaben des Lebens."

Was bedeutet die Forderung von Bundespräsident Gauck, Deutschland müsse „mehr Verantwortung übernehmen", konkret? Für die deutsche Außen- und Sicherheitspolitik sei Frieden der oberste Grundwert. So zeigten beispielsweise die Sanktionen gegen Russland seit 2014, dass das deutsche Interesse an einer europäischen Friedensordnung größer ist als Pflege und Ausbau von Handelsbeziehungen.

Deutschland müsse sich an der Stabilisierung des europäischen Umfeldes aktiv beteiligen. Unser Land stehe in der Rangliste der am meisten vernetzten Länder ganz oben und habe daher ein existenzielles Interesse an freiem Welthandel und sicheren Verbindungswegen. Ein abgeschottetes Deutschland wäre „… binnen kürzester Zeit bankrott".

Deutschland müsse daher eine Vorreiter- und Führungsrolle in der europäischen Sicherheits- und Verteidigungspolitik übernehmen. Dafür sei unser Land noch nicht gut vorbereitet, wie der Autor an mehreren Beispielen zeigt: an der Gaspipeline Nord Stream II, die eine gemeinsame europäische Energieaußenpolitik verhindere, an den vertanen Chancen, das deutsch-französische Tandem zum Laufen zu bringen und auch an der unzureichenden internen Koordinierung von Sicherheitspolitik: Die Positionen deutscher Ministerien unterschieden sich oftmals. Im internationalen Bereich bezeichne man diese fehlende Kohärenz als „*German Vote*". Um Führung zu übernehmen, fordert Wolfgang Ischinger eine deutsche Politik, die gemeinsame europäische Positionen ermöglicht, die deutsch-französische Zusammenarbeit voranbringt sowie „Entscheidungen aus einem Guss" trifft. Dieser letzte Punkt erfordere die Einrichtung eines Nationalen Sicherheitsberaters. Nationale Interessen könnten dann überzeugend und verlässlich vertreten werden, wenn Deutschland mit einer Stimme spräche.

Kommen wir nun zu Wolfgang Ischingers Sicht auf die Rolle von Streitkräften in der Sicherheitspolitik. Militärische Fähigkeiten seien für die Unterfütterung der europäischen Außen- und Sicherheitspolitik unerlässlich. Seine erfahrungsgesättigte Argumentation soll hier zitiert werden: „Viele Krisen lassen sich zum Glück auch ohne Militär lösen. Aber in manchen Krisen braucht es leider den Einsatz militärischer Mittel, um zu einer Lösung zu kommen. Militärische Mittel bedeutet jedoch nicht gleich Kampfhandlungen oder Kriegsführung. Wenn die Rede von militärischen Mitteln ist, dann geht es zwar um den Einsatz von Streitkräften, aber ein Schuss muss nicht unbedingt fallen. Manchmal genügt schon deren Androhung, um einen Konflikt zu entschärfen. Und oft ist allein die Tatsache, dass ein Staat über Machtmittel verfügt, ein Grund dafür, einem Konflikt mit diesem Staat oder seinen Verbündeten aus dem Weg zu gehen. … So bitter es ist: Soldaten, Panzer, Flugzeuge und Schiffe sind manchmal auch notwendige Bestandteile internationaler Friedensbemühungen." Der bewaffnete Einsatz des Militärs sei also eine möglichst zu vermeidende, aber immer mitzubedenkende Option. Politiker sollten das militärische Instrument nicht von vornherein ausschließen.

Wenn Streitkräfte im internationalen Krisenmanagement zum Einsatz kommen, müssten sich Politik und Militär auf langfristige Engagements einstellen. Die Erfahrungen auf dem Balkan und in Afghanistan hätten gezeigt, dass dies eine Generationenaufgabe ist. Der Wiederaufbau eines Landes sei politisch über lange Zeiträume zu begleiten, wie es in Westdeutschland nach dem II. Weltkrieg der Fall gewesen war. Wolfgang Ischinger zieht daraus keine weiteren Folgerungen für die Politik. Es dürfte indessen klar sein, dass die Anzahl von Interventionen durch eindeutig definierte nationale Interessen beschränkt werden sollte.

Kommen wir nun zum Schluss: Wolfgang Ischingers Buch ist ein Plädoyer für Mut und Initiativbereitschaft in der Außen- und Sicherheitspolitik. Er weist auf die

Grenzen der Diplomatie hin, die ein perfektes Ergebnis verhindern und nur weniger schlechte Lösungen ermöglichen. Diese Erkenntnis ist wichtig für das soldatische Selbstverständnis. „Militärische Interventionen sind also nie gerecht oder gut – aber genauso wenig ist es ihre Vermeidung. Entscheidungen dafür oder dagegen sind, wie außenpolitische Entscheidungen insgesamt, oft die Wahl zwischen mehreren Übeln. Wenn Politiker und Diplomaten es schaffen, aus diesen vielen schlechten Optionen das geringste Übel zu wählen – und erfolgreich umzusetzen –, ist schon viel erreicht. Das mag ernüchternd klingen, entspricht aber der Realität." Soldaten im Einsatz sind direkt von diesen Grenzen der Diplomatie betroffen. Wie Wolfgang Ischinger es an seinem Beispiel beschreibt, müssen auch sie versuchen, das Beste daraus zu machen und niemals die Hoffnung auf einen gangbaren Weg zum Frieden zu verlieren.

# IV Folgerungen für Deutschland und die Bundeswehr

*Herfried Münkler*

## Macht in der Mitte. Die neuen Aufgaben Deutschlands in Europa, Hamburg 2015, 203 S.

### Zentralmacht

Europa ist gespalten – auch in sicherheitspolitischer Hinsicht. Die NATO versucht, die unterschiedlichen Interessen ihrer europäischen Mitgliedstaaten mit Hilfe des sogenannten 360 Grad-Ansatzes, der Rundumschutz verspricht, zu versöhnen. Dies gelingt dem Bündnis jedoch nur oberflächlich. Zu sehr weichen die Sicherheitsinteressen von Ländern wie Polen oder den drei baltischen Staaten auf der einen und Italien oder Spanien auf der anderen Seite voneinander ab. Ursächlich dafür sind unterschiedliche Bedrohungswahrnehmungen. Welche Gefahren sind größer – im Osten Europas, wo die Russische Föderation aggressiv auftritt und alte Ängste weckt oder an der europäischen Gegenküste im Mittelmeerraum, wo Staaten fragil oder bereits kollabiert sind, weder Terroristen noch Flüchtlinge auf ihrem Weg nach Europa aufhalten und nach Vorherrschaft strebenden Autokraten Räume öffnen – , darüber scheint kein Konsens möglich zu sein. Eine Folge davon ist, dass viele Staaten ihre nationalen Interessen stärker in den Vordergrund rücken, was die Zusammenarbeit im Bündnis erschwert.

Von den Re-Nationalisierungstendenzen ist auch die Europäische Union (EU) betroffen. Die Vision einer politischen Integration, auf die alle Mitgliedstaaten sich kontinuierlich, wenn auch mit unterschiedlichem

Tempo hinbewegen, verblasst. Fehler der EU beim Krisenmanagement in der gegenwärtigen Corona-Pandemie verstärken den Eindruck, dass die Nationalstaaten die entscheidenden Akteure auch in der Gestaltung von Sicherheit in Europa bleiben werden. Ob die EU dies übersteht, ist längst nicht sicher. Das liegt auch daran, dass die Zentrifugalkräfte vor allem durch links- und rechtspopulistische Parteien in vielen ihrer Mitgliedstaaten zunehmen. Ist es nicht paradox, dass trotz der in der Vergangenheit erzielten Integrationsfortschritte durch die Einführung des Euro oder des Schengen-Raums die Anzahl der Europa-Gegner sogar im europäischen Parlament gewachsen ist?

In dieser verzwickten Lage hilft die Lektüre eines Buches, das bereits vor sechs Jahren erschienen ist, aber an Aktualität nicht eingebüßt hat. In „Macht in der Mitte" stellt Herfried Münkler die Frage, wie Europa zusammengehalten werden kann und welche Aufgaben dabei Deutschland als dem Land, das in der Mitte dieses Kontinents liegt, zufallen. Seine These lautet, dass Deutschland Europa zusammenhalten *muss*, weil die globalen Mächteverhältnisse unser Land in die Rolle einer Zentralmacht hineingedrängt haben. Deutschland ist also gezwungen, Führungsaufgaben in Europa zu übernehmen. Sonst würde unser Land seine nationalen Interessen verletzen.

Der Berliner Politikwissenschaftler sagt uns auch, wie dies am besten ginge. Deutschland sollte sich bemühen, den aus Interessengegensätzen entstehenden Zentrifugalkräften entgegenzuwirken, Divergenzen abzubauen und Ausgleichsprozesse zu moderieren.

Auf Deutschland kommen somit anspruchsvolle Führungsaufgaben zu. Es stellt sich nun wie von selbst die Frage, wie unser Land dies angesichts seiner begrenzten Ressourcen, seiner kaum vorhandenen Führungserfahrungen und seiner historischen Belastungen leisten kann. Denn offensichtlich ist doch: Ansprüche und Erwartungen vor allem finanzieller Art kommen von vielen Seiten auf Deutschland zu. Bei der berechtigten Forderung nach einer signifikanten Erhöhung der Verteidigungsausgaben der kontinentaleuropäischen NATO-Verbündeten steht Deutschland im Mittelpunkt. Wenn es um Bürgschaften für Euro-Rettungspakete oder um die Vergemeinschaftung von Schulden geht, fällt der hilfesuchende Blick ebenfalls auf unser Land. Ohne Deutschland läuft in Europa nichts, wie bereits die Finanzkrise 2008/09 zeigte und wie es zuletzt in der Flüchtlingskrise oder bei der Bekämpfung der wirtschaftlichen Auswirkungen der Corona-Pandemie deutlich wurde. Die daraus resultierenden Erwartungen an unser Land erschrecken.

Erschwerend kommt hinzu, dass Deutschland keine guten Erfahrungen damit hat, eine größere Rolle im europäischen Mächtekonzert zu spielen. Wenn es als Land in der Mitte zu stark wurde, bildeten Nachbarn Gegenkoalitionen. Daraus erwachsene Einkreisungsängste bei den Deutschen führten zwei Mal zu dem Versuch, den europäischen Kontinent zu dominieren – mit katastrophalen Folgen für ganz Europa. Integraler Bestandteil unserer kollektiven Erinnerung ist daher, dass wir Deutschen Angst haben vor unserer eigenen Stärke. Wir wollen uns lieber aus Konflikten heraushalten, insbesondere wenn wir die Gefahr sehen, dass deren Lösung den Einsatz auch militärischer Gewalt erfordern könnte. Gleichzeitig befürchten viele, von anderen Staaten ausgenutzt zu werden. Deutschland dürfe nicht zum Zahlmeister für Europa werden, heißt es allenthalben. All diese Ängste führen auch in Deutschland, das aufgrund seiner Geschichte vor Extremismus jeder Couleur immunisiert sein sollte, zu Polarisierungen und Radikalisierungen.

Wie analysiert Herfried Münkler diese in sich widersprüchliche Lage? Auch er stellt fest: Es war nicht immer gut für Frieden und Sicherheit in Europa, wenn Deutschland eine starke Mitte bildete. Dies wüssten auch unsere Nachbarn. Deren Vorbehalte seien deutlich zum Vorschein gekommen, als es um die Frage der deutschen Wiedervereinigung nach dem Fall der Mauer im November 1989 ging. Ohne den Druck der US-amerikanischen Administration unter Präsident George H.W. Bush wäre der Wiedervereinigungsprozess wohl anders verlaufen. Zu groß seien die Bedenken vor allem auf britischer, französischer und italienischer Seite gewesen.

Wenn Herfried Münkler Deutschland als die Macht in der Mitte sieht und daraus eine Führungsrolle ableitet, dann führt er als Gründe dafür geopolitische Verschiebungen an, auf die unser Land kaum Einfluss hat:

(1) Die USA orientierten sich von Europa weg nach Asien, weil sich dieser Kontinent wirtschaftlich dynamischer entwickele und wo mit China ein ernstzunehmender Konkurrent für die globale Führungsrolle der USA und ihre Hegemonie auf dem amerikanischen Kontinent entstehe.

(2) Europa dagegen müsse Abschied nehmen von der Idee, eine globale Supermacht zu werden. Die Mitglieder der EU wären künftig damit beschäftigt, das Scheitern der EU zu verhindern.

(3) In strategischer Hinsicht hätten sich die Beziehungen zwischen den politischen, wirtschaftlichen, militärischen und kulturellen „Machtsorten", über die Staaten verfügten, verändert. Zwar sollten alle „Machtsorten" in deren Portfolio sein, die militärischen Fähigkeiten (Streitkräfte und Rüstungsindustrie) hätten allerdings gerade im Verhältnis zur wirtschaftlichen Macht an politischer Bedeutung eingebüßt, da ihr Wirkungsgrad begrenzt sei.

Diese geopolitischen Verschiebungen hätten, so schlussfolgert Herfried Münkler, dazu geführt, dass Deutschlands politisches Gewicht im Vergleich zu anderen europäischen Mächten wie beispielsweise Frankreich überproportional gewachsen sei. Die letzte große Finanzkrise 2008/09 hätte dies der Welt deutlich vor Augen geführt. Seitdem gebe Deutschland den Takt in Europa an.

Die von Herfried Münkler aufgestellte Gleichung lautet also: Der relative Bedeutungszuwachs des Machtfaktors Wirtschaft bei gleichzeitig geringerem Stellenwert des Militärs sowie der Rückzug der USA aus Europa und seiner Peripherie bewirkten mehr politische Macht für Deutschland. Daraus erwachse wiederum mehr Verantwortung für unser Land. Als empirischen Beleg für diese These führt Herfried Münkler das Krisenmanagement im Konflikt zwischen Russland und der Ukraine seit 2014 an. Die USA hätten Deutschland die Führung überlassen, weil Europa insgesamt an weltpolitischer Bedeutung verloren habe und Russland zwar gefährlich, in den Augen der USA jedoch nur eine Regionalmacht sei. Deutschland teile sich die Führung mit Frankreich, wobei Frankreich auch aus russischer Sicht als Junior-Partner wahrgenommen werde. Nicht nur die USA, sondern auch die europäischen Verbündeten erwarteten von Deutschland, eine Führungsrolle einzunehmen. Dies zeigte sich insbesondere daran, dass, im Unterschied zur Eurokrise, weder die Angst vor einem übermächtigen, seine Interessen egoistisch durchsetzenden Deutschland instrumentalisiert noch die deutsche Verwundbarkeit aufgrund seiner Geschichte ausgenutzt wurde – Politpropaganda gab es noch nicht einmal von russischer Seite.

Die Mitte Europas ist also wieder stark, alle sehen diese neue sicherheitspolitische Wirklichkeit und akzeptieren sie. Wirklich alle? Herfried Münkler zeigt uns, dass die Deutschen selbst das größte Problem mit ihrer neuen Rolle haben. Zwar wüssten sie, wie sehr sie vom Ende des Kalten Krieges und der anschließenden Osterweiterung von NATO und EU profitiert hätten – in sicherheitspolitischer und vor allem in wirtschaftlicher Hinsicht. Durch die Transformation der benachbarten mittelost- und osteuropäischen Staaten seien nicht nur stabile Staaten, sondern auch neue Märkte und Produktionsmöglichkeiten in unmittelbarer Nachbarschaft entstanden. Deutschland befinde sich nicht mehr in einer Randlage, sondern sei in die Mitte Europas zurückgekehrt und nunmehr von Freunden umzingelt. Mit der Anerkennung der aus gestiegener Macht resultierenden Verantwortung hätten die Deutschen allerdings Probleme.

Herfried Münkler ist ein Meister des strategischen Denkens, wie seine Bücher über den 30-jährigen Krieg und den Ersten Weltkrieg sowie seine Veröffentlichungen über die neuen, asymmetrischen und hybriden Kriege unterstreichen. Daher sind seine Bemerkungen zur Förderung von Strategiefähigkeit, die sich die Bundesregierung im letzten Weißbuch auf ihre Fahnen geschrieben hat, besonders wichtig. Unmissverständlich stellt er fest: „Die politische Zukunft des Kontinents wird entscheidend davon abhängen, ob die Deutschen dieses Mal klüger und verantwortlicher mit der Rolle einer ‚Zentralmacht' (Hans-Peter Schwarz) umzugehen verstehen als in der Vergangenheit." Deutschland bliebe nun einmal die Macht in der Mitte Europas und könne diese Position nur verlieren durch Verletzung seiner eigenen, vor allem wirtschaftlichen Interessen. Konkret bedeute dies: Deutschland dürfe nicht die Fehler machen wie nach der Erlangung der Einheit unter Otto von Bismarck vor nunmehr 150 Jahren.

Wie kann unser Land es diesmal besser machen? Die Deutschen müssen wieder lernen, so der mittlerweile emeritierte Berliner Professor, in geopolitischen Zusammenhängen zu denken. Dass hier ein Defizit besteht, unterstreiche die Debatte über die neue Pipeline Nord Stream 2, die Erdgas von Russland direkt nach Deutschland transportieren soll. Das Argument, dies sei ein privatwirtschaftliches Projekt, lege schonungslos offen, welche Defizite im strategischen Denken in

Berliner Regierungskreisen und darüber hinaus bestehen.

Im Zuge seiner Rekonstruktion der europäischen Geschichte zeigt uns Herfried Münkler, wie wichtig geopolitisches Denken heute ist. Es sei nicht klar, wo die Grenzen Europas liegen. Im Osten nicht (gehört Russland und wieviel davon zu Europa?), im Süden nicht (ursprünglich hatte die christlich-abendländische Kultur ihren Ursprung im Mittelmeerraum, der Europa mit Nordafrika und dem Nahen Osten verband), im Westen nicht (Großbritannien sieht sich selbst außerhalb von Europa, um im Mächtekonzert Zünglein an der Waage zu sein) und auch im Hohen Norden nicht (wo durch das Schmelzen des Eismeeres Räume geöffnet werden, die nicht nur für europäische, sondern auch für unsere transatlantischen Partner USA und Kanada und sogar für China von strategischem Interesse sind).

Wegen dieser Offenheit Europas schlussfolgert der Autor, dass Deutschland die Flügelmächte und deren Interessen berücksichtigen müsse. Flügelmächte seien die USA und China, wobei nicht klar sei, wie sich Russland positioniere. Schon 2015 sah Herfried Münkler Anzeichen, dass Putin sein Land dichter an China heranführen werde. Für Europa erwachse daraus eine räumliche und damit geopolitische Herausforderung. Wie enorm diese ist, zeigten Kassandrarufe vom Untergang des Westens, der auch empirisch belegbare Rückzug der Demokratie und der schärfer werdende globale Systemwettbewerb.

Europa ist also in einer Mittellage zwischen starken Flügelmächten. Deren Druck nehme zu, was gleichzeitig dazu führe, dass die Angst vor einem starken

Deutschland geringer wird. Was bedeutet Strategiefähigkeit in dieser geopolitischen Lage konkret für unser Land als der Macht in der Mitte Europas? Deutschland dürfe, so Herfried Münkler, nicht wie vor 1945 den Fehler machen und eigene Interessen auf Kosten seiner europäischen Nachbarn durchsetzen. Es komme darauf an, das Allgemeininteresse Europas mit den nationalen Interessen zu versöhnen. Das sei nicht einfach, da ein „Politisierungsparadox" bestehe: Das, was Politiker der eigenen Bevölkerung sagen, um ihr Handeln für Europa zu begründen, verstünden Regierungen und Bevölkerungen anderer europäischer Staaten oftmals als harte, geradezu egoistische Durchsetzung deutscher Interessen.

Die Lösung dieses Dilemmas sieht Herfried Münkler in der aktiven Wahrnehmung einer Mittler- und Vermittlerrolle. Deutschland solle seine politische Macht für die Durchsetzung eines europäischen Gesamtinteresses nutzen. Um dieses zu definieren, müsse die deutsche Politik das Erarbeiten von gemeinsamen Leitlinien fördern. Überhaupt sollte unser Land den Westen stärken; es dürfe keineswegs in Verdacht geraten, Sonderbeziehungen zu Russland aufzubauen, bei denen es über das Offenhalten von Gesprächskanälen hinaus um bilaterale Absprachen über Einflusszonen oder die Stabilisierung innereuropäischer Krisenregionen geht. Mit Frankreich müsse eine Lösung gefunden werden, wie beide Staaten als Tandem auftreten können, wobei Deutschland die Führungsrolle innehabe. Eine derart balancierte Führungskonstellation verhindere Gegenkoalitionen, was wiederum die deutsche Machtposition als Zentralmacht in Europa stärke.

Herfried Münkler erkennt an, dass die aktive Wahrnehmung einer Mittler- und Vermittlerrolle nicht einfach ist. Für ihn ist indessen offensichtlich: Wenn Deutschland nicht handelt, handelt keiner. Die Folgen dieser Untätigkeit seien weder im deutschen noch im europäischen Interesse: „Durch Nichthandeln gefährdet Deutschland die europäische Handlungsfähigkeit, und es schadet obendrein den Chancen seiner eigenen Interessenverfolgung".

Sicherheitspolitisch müsse Deutschland daher in die Stabilität der Peripherie investieren – sowohl im Osten als auch im Süden. Deutsche Politiker müssten bei Interessengegensätzen und unterschiedlichen Bedrohungswahrnehmungen vermitteln und die Solidarität unter den europäischen Staaten stärken. Als Sicherheitsexporteur komme es für unser Land darauf an, Verlässlichkeit durch transparente nationale Interessen zu beweisen. Es müsse in der Lage sein, Strategien zu erarbeiten und dabei eigene sowie divergierende Interessen von Verbündeten in gesamteuropäische Interessen integrieren. Bei Militäreinsätzen dürfe Deutschland weder Zaungast sein (wie bei der NATO-Operation *Unified Protector* zum Schutz der Zivilbevölkerung in Libyen 2011) noch Trittbrettfahrer (wie in Afghanistan seit 2001, wo Deutschland in den Strategiebildungsprozessen kaum eine Rolle spielte).

Eindringlich mahnt der Autor an, die Strategiefähigkeit Deutschlands zu verbessern. In seiner Position als Zentralmacht könne sich unser Land keine Fehler leisten. Um eine Überdehnung bzw. Überbeanspruchung zu vermeiden, müsse sich die deutsche Außen- und Sicherheitspolitik weniger an universalistischen Werten als vielmehr an Interessen (Allgemeininteresse und nationale Interessen) orientieren. Insgesamt sei, so Herfried Münkler, Deutschland dafür gut aufgestellt. Die deutschen Politiker seien charakterlich anders veranlagt als vor 1945, unser politisches System sei demokratisch ausbalanciert, und unsere intensive Beschäftigung mit der Geschichte stärke unser Selbstvertrauen, dass wir es diesmal besser machen können.

Fordern diese veränderten Leitlinien deutscher Außen- und Sicherheitspolitik die Beendigung der aus der Zeit des Kalten Krieges übernommenen „Politik der Zurückhaltung"? Ist das „Ende der Selbstfesselung" bereits vollzogen, wie der Politikwissenschaftler Stefan Fröhlich diagnostiziert? Herfried Münkler argumentiert gegen eine Selbstbeschränkung, die nur das verhindern will, was nicht im deutschen Interesse ist. Ein „*leading from behind*" schließt er für eine Zentralmacht aus. Durch die Unterstützung der NATO- und EU-Osterweiterung habe sich Deutschland selbst in diese Rolle gebracht. Andererseits seien abwartende Zurückhaltung, längere Reflexionsphasen und das geduldsame Moderieren von Willensbildungsprozessen unverzichtbar. „Deutschland muss in Europa führen, aber es muss dies in einer umsichtigen, auf möglichst breite und nachhaltige Unterstützung bedachten Art und Weise tun." Damit würde sich die Zentralmacht Deutschland von dem Führungsstil der Supermacht USA unterscheiden. Während diese ihre europäischen Verbündeten in der NATO beispielsweise bei den Militärstrategien dominierten, müsse Deutschland in der EU zurückhaltender führen.

Die Achillesverse einer proaktiven deutschen Außen- und Sicherheitspolitik ist, so Herfried Münkler, die deutsche Bevölkerung. Besonders in der meinungsbildenden Elite sei die Ablehnung einer deutschen Führungsrolle weit verbreitet. Seine damalige optimistische Bewertung, dass die Bürger Deutschlands resistenter gegen populistische Verführungen seien als andere, mag man heute in Frage stellen. Herfried Münklers Hinweise, dass diese nicht überfordert werden dürften, ist sicherlich mehr als berechtigt. Die USA vor der Trump-Ära sind mahnendes Beispiel dafür, wie eine kostenintensive internationale Führungsrolle Benachteiligungsgefühle der Menschen zuhause weckt, die autoritäre Führer und illiberale Parteien nutzen, um die Fundamente der Demokratie ins Wanken zu bringen. In Deutschland kommt erschwerend hinzu, dass Regierungskoalitionen sich abnutzen, was die Unzufriedenheit der Bürger steigert.

Damit sind wir bei der Frage angelangt, welche Schlussfolgerungen aus Herfried Münklers Thesen für die Bundeswehr und ihre Angehörigen gezogen werden können. Für den Berliner Politikwissenschaftler bleibt die Bundeswehr weiterhin ein wesentliches Instrument der deutschen Sicherheitspolitik. Zwar habe deren Nützlichkeit für die Politik im Vergleich zu anderen „Machtsorten" nachgelassen. Gleichwohl stärkten der Rückzug der USA, der Brexit sowie die revisionistische russische Außenpolitik die Rolle der Bundeswehr als Mittel der Politik. Deutschland werde daher „… wohl der militärischen Macht wieder eine größere Bedeutung beimessen müssen", um in einem geänderten geopolitischen Umfeld als Macht in der Mitte handlungsfähig zu bleiben.

Für die Unterstützung der europäischen Mittler- und Vermittlerrolle Deutschlands ist die Bundeswehr gut aufgestellt. Deutsche Offiziere in der NATO sowie in der EU sind anerkannte Moderatoren in Vermittlungsprozessen. Ihnen kommt zugute, dass Deutschland ein verlässlicher Verbündeter ist. Zusagen an NATO bzw. EU hält unser Land weitestgehend ein. Besonders hilfreich ist es, dass die Bundeswehr ihre militärischen Fähigkeiten nahezu vollständig der NATO zur Verfügung stellt, was bei den anderen größeren Mitgliedstaaten längst nicht der Fall ist. In den Einsatzgebieten, in der Bündnisverteidigung (sei es in der *enhanced Forward Presence* im Baltikum und Polen oder bei der *NATO Response Force* mit der *Very High Readiness Joint Task Force*) und auch als logistische Drehscheibe für den 360 Grad-Rundumansatz sind deutsche Streitkräfte unverzichtbar. Zudem ist die Bundeswehr der wohl stärkste Treiber der Multinationalisierung. In seine Großverbände sind Kontingente von mehreren Verbündeten eingegliedert. Besonders weit vorangeschritten ist die Integration mit den niederländischen Streitkräften. Dass im Afghanistan-Einsatz dem von Deutschland geführten *Regional Command North* der ISAF-Schutztruppe Kontingente aus bis zu 20 Nationen unterstellt waren, ist ein enormer Vertrauensbeweis.

Gleichwohl stellt Deutschlands neue Rolle als Zentralmacht Forderungen, die bisher noch nicht erfüllt sind. Dazu gehört die besondere Verantwortung für den Schutz und die Sicherheit Europas. Die Bundeswehr als Anlehnungsnation für kleinere Staaten muss die Voraussetzungen für die weitere Integration der europäischen Streitkräfte schaffen. Dazu ist eine kontinuierliche Steigerung des Verteidigungshaushaltes genauso notwendig wie effiziente Beschaffungsstrukturen für militärische Fähigkeiten, vor allem in der digitalen Vernetzung. Weiterhin muss der Mindset der Angehörigen der Bundeswehr beachtet werden. Die gemeinsame Sicherheits- und Verteidigungspolitik sollte kein Eliteprojekt sein, mit dem die Truppe nichts anfangen kann. Die auch in Deutschland spürbare Re-Nationalisierung darf die notwendige Orientierung an einem Allgemeininteresse nicht in den Hintergrund drängen. Indizien für ein Umkippen in diese Richtung sind offene oder hinter vorgehaltener Hand geäußerte Vorwürfe, Deutschland setze seine nationalen Interessen knallhart durch. Gleichzeitig bestätigen diese Vorwürfe die weiterhin bestehende Verwundbarkeit Deutschlands. Die deutsche Geschichte bietet viele Ansatzpunkte für anti-deutsche Affekte und Verschwörungstheorien, um Deutschlands Europa-Politik zu delegitimieren.

Problematisch erscheint auch der reflexhafte Rekurs deutscher Offiziere auf die belastete Geschichte unseres Landes, um das zurückhaltende sicherheitspolitische Engagement oder nationale Sonderrechte in den Einsätzen (*caveats*) zu begründen. Hier ist ein doppelter Perspektivenwechsel erforderlich: zum einen von der Beurteilung Deutschlands als eines schwierigen Vaterlandes hin zum Stolz auf das beste Deutschland, das es je gab (Josef Joffe); und zum anderen, was Herfried Münkler betont, eine positive Sicht auf die historische

Verwundbarkeit Deutschlands für dessen Führungs-rolle: „Auch und gerade in Anbetracht der europäi-schen Geschichte wollen die Mitgliedsländer der Euro-päischen Union nur einen verwundbaren Hegemon ak-zeptieren, einen, den sie notfalls bremsen zu können glauben. Und ein Hegemon, der um seine Verwund-barkeit weiß und sie auf Schritt und Tritt spürt, wird in der Regel auch nicht als Hegemon auftreten." Deutlich zeigt sich hier die Bedeutung der politischen und his-torischen Bildung für die Offiziere der Zentralmacht Deutschland.

Vor diesem Hintergrund muss auch kritisch gefragt werden, ob Entwicklungen in Führungskultur und Selbstverständnis der Bundeswehr geeignet sind, die deutsche Führungsrolle zu unterstützen. Es ist eine vertane Chance, dass Europa im neuen Traditionser-lass kaum erwähnt wird.

Auch die Bundeswehr leistet einen Beitrag zur Stär-kung der Strategiefähigkeit Deutschlands. Mehrere Ini-tiativen sind dazu angelaufen, die Herfried Münkler si-cherlich begrüßen würde. Dazu gehören die Einrich-tung des *German Institut for Defence and Strategic Studies* (GIDS) an der Führungsakademie in Hamburg, die stärkere Gewichtung strategischer Bildungsinhalte in der General-/Admiralstabsausbildung, die obligatori-sche Weiterbildung des militärischen Spitzenpersonals sowie die ministerielle Förderung der Vernetzung si-cherheitspolitischer *think tanks*. Einen ersten Versuch, strategisch die Initiative zu ergreifen, startete die deut-sche Verteidigungsministerin Annegret Kramp-Kar-renbauer Ende 2019 mit ihrem Vorschlag zur Einrich-tung einer militärisch gesicherten internationalen

Schutzzone in Nord-Syrien. Die interministeriell scheinbar kaum abgestimmte Erarbeitung und Präsentation dieses Vorschlags sowie die scharfe Kritik daran offenbaren Defizite, die darauf hinweisen, in welche Richtung sich Strategiefähigkeit in Deutschland weiterentwickeln muss.

Mit „Macht in der Mitte" ist dem Berliner Politikwissenschaftler Herfried Münkler ein Buch gelungen, das eine klare politische Richtung für unser Land aufzeigt. Den Angehörigen der Bundeswehr, vor allem denjenigen, die in bi- und multinationalen Hauptquartieren und Verbänden eingesetzt sind, bietet es eine wertvolle Orientierung, um ihre Aufgaben in einem komplexen sicherheitspolitischen Umfeld besser zu verstehen. Es ist besonders denjenigen Offizieren zu empfehlen, die in NATO und EU arbeiten bzw. in den Ministerien Weisungen für deutsche Positionen erstellen.

*Wilfried von Bredow*

## Armee ohne Auftrag. Die Bundeswehr und die deutsche Sicherheitspolitik, Zürich 2020, 199 S.

### Strategieunfähigkeit

Der emeritierte Marburger Professor Wilfried von Bredow ist ein ausgewiesener Experte für Sicherheitspolitik und ein intimer Kenner der Bundeswehr. Wie der Untertitel seines neuen Buches verrät, steht die Bundeswehr als Instrument deutscher Sicherheitspolitik im Vordergrund seiner Analyse. Seine zentrale Aussage dürfte die Angehörigen der Bundeswehr überraschen, ja vielleicht sogar vor den Kopf stoßen. Sie lautet: Die Bundeswehr ist kein *wesentliches* Instrument deutscher Sicherheitspolitik, auch wenn dies in offiziellen Dokumenten der Bundesregierung wie beispielsweise dem letzten Weißbuch behauptet wird. In Wirklichkeit könne, so Wilfried von Bredow, die Politik mit diesem staatlichen Instrument wenig anfangen. Die deutschen Streitkräfte seien daher eine „Armee ohne Auftrag".

Deutsche Soldaten werden diese Schlussfolgerung nicht ohne weiteres nachvollziehen. Sie klagen unisono, dass Personal und Material für die vielen Aufgaben der Bundeswehr nicht ausreichen. Wäre der Titel „Armee mit zu vielen Aufträgen" nicht passender? Die Berechtigung dieser Klage stellt Wilfried von Bredow nicht in Frage. Auch er diagnostiziert eine Überlastung der Soldaten. Die letzten beiden Kapitel seines Buches beschäftigen sich detailliert mit dem jahrelangen Reformstress, dem sie ausgesetzt sind, und mit der Problem-Lawine, welche die Bundeswehr vor sich herschiebt. Der Marburger Politikwissenschaftler behauptet also nicht, dass die Angehörigen der Bundeswehr zu wenig zu tun hätten. Mit seiner Diagnose einer „Armee ohne Auftrag" kritisiert er die Politik. Sie sei nicht in der Lage, der Bundeswehr einen klaren Auftrag zu geben und sie dafür auch tatsächlich zu nutzen. Daher wäre es auch nicht verwunderlich, dass Regierung und Parlament ihre Streitkräfte so stark vernachlässigten. Der unzureichende Dialog zwischen Politik und militärischer Führung sowie die nur schwach ausgeprägte sicherheitspolitische Debatte trügen ebenfalls zum Phänomen einer „Armee ohne Auftrag" bei. Insgesamt sei die Situation so verfahren, dass sogar Experten wie Erich Vad und Sönke Neitzel vorschlagen, die Bundeswehr (oder Verbände wie das KSK) lieber ganz abzuschaffen, weil die Politik sie sowieso nicht sinnvoll einsetzen könne.

Am Ende seines Buches geht der Autor sogar noch einen Schritt weiter: Die Bundeswehr sei eine „Armee *ohne Chance* zur Auftragserfüllung". Statt ihr einen militärstrategisch klar definierten Auftrag zu geben, jage eine hyperaktive Politik sie von einer Reform zur nächsten. Überspitzt formuliert könnte man sagen, die Bundeswehr werde nicht als militärisches Instrument, sondern als Versuchs- und Profilierungsfall für Politiker genutzt. Weitaus stärker als die Streitkräfte unserer europäischen Nachbarn sei sie in einen „Dauerstress" geraten, der einfach kein Ende fände. Kritisch stellt der Politikwissenschaftler die rhetorische Frage: „Welche

Organisation hält derlei schon aus, ohne beschädigt zu werden?"

Wesentliche Ursache für den Dauerstress sei die Absicht der Politik gewesen, die Bundeswehr für einen bestimmten Aufgabenbereich zu optimieren. Schon ab 2003 sei der Vorrang des Internationalen Krisenmanagements offiziell verkündet worden, ab 2011 wurde die Bundeswehr vollständig auf diese spezifische Aufgabe ausgerichtet – sowohl in ihren Strukturen als auch in ihrer Ausrüstung und Ausbildung. Die heutige unzureichende Einsatzbereitschaft der Bundeswehr sei nicht allein auf ihre jahrzehntelange Unterfinanzierung zurückzuführen. Es kämen strategische Fehlentscheidungen hinzu, die auf einer falschen Einschätzung von sicherheitspolitischen Bedrohungen beruhten. Dies erklärt den Schock, den Politik und Militär in Deutschland erlebten, als Russland die Krim annektierte und einen Bürgerkrieg in der Ostukraine anzettelte. Die Landes- und Bündnisverteidigung gewinnt seither an Gewicht und da die USA sich mehr auf den Pazifikraum konzentrieren, schauen viele Augen auf Deutschland, um die Verteidigung Europas zu gewährleisten. Ein General der Bundeswehr, der es wissen muss, sagte während einer Tagung der Clausewitz-Gesellschaft sinngemäß: „Die neuen NATO-Forderungen kamen für die Bundeswehr zu einem äußerst ungünstigen Zeitpunkt".

Der Begriff der „Trendwenden" sollte, so Wilfried von Bredow, die Radikalität dieser erneut notwendig gewordenen Reformen verschleiern. Der Reformstress ginge weiter, und es sei nicht absehbar, dass er geringer werde, solange die Bundeswehr nicht für das gesamte

Spektrum Fähigkeiten aufbaute und einsatzbereit zur Verfügung stellte. Dies sei, so der Autor, eine Herkulesaufgabe. Gleichwohl fragt er sich, warum Politik und militärische Führung sich dafür so viel Zeit lassen. Erst im Jahr 2032 solle die Bundeswehr voll einsatzbereit sein. Kritisch stellt er die Frage, warum man meine, sich bis dahin funktionsuntüchtige Streitkräfte erlauben zu können. „Macht es denn gar nichts, wenn die Bundeswehr nicht so funktioniert, wie sie möchte und müsste?" Die Zielperspektive 2032, die aufgrund von Überplanungen bei den Rüstungsprojekten und nicht gesicherter mittel- und langfristiger Haushaltsplanungen schon heute als unsicher angesehen werden darf, bestätige erneut, dass die Politik mit der Bundeswehr nichts anfangen kann. Ohne einen klaren Auftrag müsse sie nicht funktionieren; kein Wunder also, dass sich keiner darum kümmert, wie sie eigentlich funktionieren müsste, und Schnelligkeit anmahnt.

Im fehlenden Auftrag lägen die tieferen Ursachen dafür, dass es der Bundeswehr trotz erhöhter Finanzmittel nicht gelungen sei, ihre militärischen Fähigkeiten signifikant zu erhöhen. Nüchtern stellt Wilfried von Bredow fest, dass ihre Schlagkraft heute nicht viel besser sei als 2012/13. Sie befinde sich auf einem Tiefpunkt ihrer Einsatzbereitschaft. Der Militärhistoriker Sönke Neitzel vergleicht sie sogar mit der Wehrmacht im vorletzten Kriegsjahr. Daher wundert es nicht, dass Wilfried von Bredow die Leistungen des Verteidigungsministers Karl-Theodor zu Guttenberg recht positiv beurteilt, während er dessen Nachfolger durchfallen lässt. Zu Guttenberg hätte zumindest erkannt, dass

Reformen eine schnelle Umsetzung erfordern, damit sie nicht verwässert werden.

In seinem Buch zeigt Wilfried von Bredow viel Verständnis für die Unzufriedenheit der deutschen Soldaten. Er zollt ihnen Respekt dafür, dass die Bundeswehr trotz der vielen Baustellen noch recht gut funktioniert. Versagt habe die militärische Führung, die es nicht schaffe, mit den deutlich erhöhten Finanzmitteln effektive Streitkräfte aufzustellen. Defizite diagnostiziert er auch hinsichtlich ihrer Beratungsleistung für die Bundesregierungen. Es gelinge dem militärischen Spitzenpersonal nicht, überzeugend zu erklären, was das militärische Instrument leisten und welchen Nutzen die Politik daraus ziehen kann. Auch das Schweigen der Generale und Admirale in der sicherheitspolitischen Debatte kritisiert er. Es sei daher wenig verwunderlich, dass auch in der deutschen Gesellschaft kein rechtes Verständnis über den Auftrag von Streitkräften vorhanden ist. Insgesamt bleibt er jedoch bei seiner zentralen These: Die Hauptverantwortung für die Misere der Bundeswehr trage die Politik.

Damit unterscheidet sich das Buch „Armee ohne Auftrag" deutlich von dem zuvor besprochenen Buch „Macht in der Mitte" von Herfried Münkler. Dieser verortet die Ursachen für den Bedeutungsverlust des Militärischen in den geopolitischen Machtverschiebungen. Unter den Machtsorten, über die ein Staat zur Durchsetzung seiner Interessen verfügt, habe das Militär an Gewicht verloren. Wilfried von Bredow geht darauf nicht näher ein. Er sieht den Bedeutungsverlust vielmehr im Fehl eines „… aufgeklärten Bewusstseins vom rechten Gebrauch der Streitkräfte als Instrument der Politik". Beide Thesen schließen sich allerdings nicht aus. Sie ergänzen sich vielmehr.

Wie die zuvor besprochenen Autoren Herfried Münkler, Carlo Masala und Wolfgang Ischinger, so bewertet auch Wilfried von Bredow leistungsfähige Streitkräfte als ein unverzichtbares Machtinstrument im Portfolio eines Staates. Denn, darauf weist er mehrfach hin, in einer Welt der „Klimaverschlechterung", in der Staaten ihre Interessen nicht nur ohne Abstimmung mit anderen, sondern auch mit militärischen Gewaltmitteln durchsetzen, zögen Staaten ohne effektive Streitkräfte den Kürzeren. Das Argument, dass eine schlagkräftige Bundeswehr die Angst unserer Nachbarn vor einem nicht nur ökonomisch, sondern auch militärisch übermächtigen Deutschland erneut auslösen oder verstärken könnte, lässt er nicht gelten. Die „Deutsche Frage" sei heute, so stellt er ohne weitergehende Analyse fest, nicht mehr relevant.

Wie kann die Rolle von Streitkräften er- und vermittelt werden? Wilfried von Bredow rät der Politik zu einer kühlen Analyse ihrer Ziele und Interessen sowie der sich daran anschließenden strategischen Optionen. Er schlägt eine Evaluation dessen vor, was in der Vergangenheit außen- und sicherheitspolitisch funktioniert hat und was nicht, und welche Rolle die Streitkräfte dabei spielten. Erst dann, so der Politikwissenschaftler, könne die Frage nach der Höhe ihrer Finanzausstattung beantwortet werden.

Dabei erkennt Wilfried von Bredow an, dass diese Aufgabe nicht einfach ist. Denn Deutschlands Strategiefähigkeit leide unter den Gefühlen mehrfacher Enttäuschungen. Die Hoffnung, dass nach dem Ende des

Ost-Westkonflikts eine Weltordnung entsteht, welche die Werte des Westens bestätigt, sei einer großen Ernüchterung gewichen. Russland und China erkennten die amerikanisch-europäische Allianz nicht an. Sie hätten vielmehr einen globalen Systemwettbewerb mit Alternativen zum westlichen Modell initiiert. Der Westen selbst, also die demokratischen Staaten in und außerhalb von Europa, sei sich zwar einig, dass die Herausforderungen des Klimawandels sowie des internationalen Terrorismus nur durch intensive Zusammenarbeit gelöst werden können. Die Rhetorik des Multilateralismus stoße sich allerdings immer härter an der Realität eines um sich greifenden Unilateralismus. Demokratische Werte verblassten, die Realpolitik mit dem Schwergewicht auf ökonomische und militärische Macht überwöge. Zu diesem Wandel in der Sicht auf die internationalen Beziehungen trüge auch die Re-Nationalisierung bei, die wiederum auf die negativen Folgen der Globalisierung für große Teile der Gesellschaften in den westlichen Staaten zurückzuführen sei. Erschwerend komme noch hinzu, dass die deutschen Wundermittel wie das Internationale Krisenmanagement oder die Krisenprävention nicht funktionierten. Bestätigt habe sich dagegen die Erkenntnis, dass Konflikte in fragilen Staaten „Destabilisierungswellen" auslösen, die auch Europa treffen. Es gäbe unterändert Staaten und nichtstaatliche Akteure (NSA), die Konflikte mit Gewalt lösen wollen. Für sie sei der Grundwert Frieden nicht oberstes Ziel ihres Handelns. Die Folge dieser Entwicklungen sei eine „prekäre Sicherheit". Daher lautet Wilfried von Bredows Empfehlung:

„Deutschland tut wie jeder andere Staat gut daran, seine Sicherheitspolitik global auszurichten."

Dabei kommt Wilfried von Bredow auf den Kern seiner Argumentation zurück: Alle heute so offensichtlichen Entwicklungen seien bereits vor 2014 erkennbar gewesen. Dies habe die deutsche Politik allerdings nicht daran gehindert, die Friedensdividende weiterhin einzufahren und die Bundeswehr für einen kleinen Teilbereich der sicherheitspolitischen Bedrohungen zu optimieren.

Mit der Renaissance der Realpolitik komme die deutsche Idealpolitik an ihre Grenzen. Wilfried von Bredow setzt hierbei einen besonderen Akzent. Die deutsche Politik müsse wie in keinem anderen Land den meinungsbildenden Einfluss von Nicht-Regierungsorganisationen (NGO) berücksichtigen. Deren humanitäre Gesinnungen rechneten nicht mit den Kosten von internationalen Engagements in Krisenregionen, was Staaten überfordern könnte. Sie berücksichtigten auch nicht, dass internationale Organisationen wie die Vereinten Nationen oder die NATO auf Staaten angewiesen sind, die Kräfte und Mittel zur Verfügung stellen, mit denen sie in den Einsatzgebieten auch und oftmals vorrangig nationale Interessen verfolgen. Die idealpolitische Überhöhung verstelle den Blick darauf, mit dem Mittel der militärischen Gewalt richtig umzugehen oder überhaupt die Lage, in der sich Streitkräfte befinden, richtig einzuschätzen.

In seinem Buch widmet Wilfried von Bredow der Strategiefähigkeit Deutschlands kein eigenes Kapitel. Dies darf nicht darüber hinwegtäuschen, dass deren Verbesserung die verbindende Mitte seiner Argumentationsstränge bildet. Auf dieser so wichtigen Brücke zwischen Politik und Militär sind die Probleme Deutschlands wie unter einem Brennglas erkennbar. Deutsche Strategieunfähigkeit habe sich, so der Autor, darin gezeigt, dass es keine strategische Rationalität bei der Reduzierung der Bundeswehr und ihrer chronischen Unterfinanzierung gab. Nun ist die Diagnose eines Defizits an Strategiefähigkeit keine Überraschung. Im Weißbuch 2016 stellt die Bundesregierung fest, dass diese zu verbessern sei. Und tatsächlich ist seitdem einiges geschehen: die Vernetzung der sicherheitspolitischen *think tanks* schreitet voran, Universitäten erhalten mehr Geld für Forschung beispielsweise in der Strategischen Vorausschau, und die Debatte über die Einrichtung eines Europäischen oder Nationalen Sicherheitsrates wird mit neuen Impulsen genährt.

Es bliebe jedoch noch viel zu tun. Die Politik, so Wilfried von Bredow, müsse die Bundeswehr auf alle Kriegsformen vorbereiten. Für das internationale Krisenmanagement in Afghanistan sei die Bundeswehr nicht gut aufgestellt gewesen, für die neuen Aufgaben in der Landes- und Bündnisverteidigung sei sie (noch) nicht ausgerüstet. Künftig müsse die Bundeswehr beide Aufgabenbereiche abdecken. Dabei fordere die Landes- und Bündnisverteidigung andere Fähigkeiten als zu Zeiten des Kalten Krieges. Auch müsse die deutsche Politik aufpassen, das internationale Krisenmanagement nicht zu stark in eine Nebenrolle zu drängen. Bei der Auftragserteilung für die Bundeswehr sei zudem eine gehörige Portion Realismus erforderlich.

Ideen einer Europa-Armee, von strategischer Autonomie und einer „geopolitischen EU-Kommission" verleiteten zu überambitionierten Zielsetzungen. Es komme darauf an, Streitkräften realistische Ziele zu geben. Für Einsatzmandate reiche der Auftrag, eine weitere Krisenzuspitzung zu verhindern, oftmals aus.

Die bisherigen Ausführungen dürften verdeutlicht haben, dass Wilfried von Bredow den Schwerpunkt von Strategiefähigkeit nicht auf organisatorische Regelungen des Politikbetriebs legt. Strategiefähigkeit bedeute vor allem, strategisch zu denken und den Willen zu haben, Entscheidungen umzusetzen und immer wieder anzupassen. Weil seine Schlussfolgerungen für die Sicherheits- und Militärpolitik Deutschlands so wichtig sind, sollen sie in knapp gehaltenen Sätzen mit Aufforderungscharakter zusammengefasst werden. Strategiefähigkeit bedeutet:

- Reformen/Trendwenden nicht nach aktueller Auftragslage, sondern auf der Grundlage langfristigen strategischen Denkens durchführen!
- Dringlichkeit (*Sense of Urgency*) bei denen wecken, die Reformen/Trendwenden umsetzen, und dabei Tatkraft zeigen („nicht kleckern, sondern klotzen")!
- Sicherheitspolitik kohärent gestalten, d.h.: nicht nur erstrebenswerte Ziele setzen, sondern diese mit verfügbaren Wegen und Mitteln in eine Balance bringen und Risiken klar benennen!
- Strategische Dokumente wie beispielsweise die Weißbücher so verfassen, dass weltpolitische Lageanalysen in interessegeleitetes Handeln für kurze, mittlere und längere Fristen münden!

- Beschlossene Strategien umsetzen, damit Deutschland als verlässlicher Partner wahrgenommen wird!
- Idealpolitik durch staatlich kalkulierende Machtpolitik ersetzen! Das Ende der „Kultur der Zurückhaltung" bedeutet die Anerkennung der Grenzen von Diplomatie gegenüber Staaten oder NSA, die ihre Interessen mit militärischer Gewalt durchsetzen.
- Die Grenzen strategischer Vorhersage sowie ziviler Konfliktprävention („Weltpolitik mit sanften Mitteln") erkennen!
- Realistisch einschätzen, ob und wie eigene Machtmittel zur Durchsetzung politischer Ziele effektiv eingesetzt werden können, wie diese in den unterschiedlichen Anwendungsfällen und Einsatzgebieten wirken und welche (unerwünschten) Folgeerscheinungen ausgelöst werden können!
- Militärische Fähigkeiten für die Erfüllung der von Regierung und Parlament vorgegebenen sicherheitspolitischen Ziele optimieren und mit nicht-militärischen Maßnahmen und Mitteln abstimmen!
- Die USA als unverzichtbar für den Schutz Europas anerkennen! Um die US-Streitkräfte in Europa zu halten, muss Deutschland in seine militärischen Fähigkeiten investieren.
- NATO und EU als Rückgrat der Verteidigung Europas anerkennen und deren Zusammenarbeit ausgestalten! Die NATO bleibt das Standbein, die EU das Spielbein.

- Die strategische Arbeit muss Handlungsoptionen für Politiker erweitern! Die Angehörigen der Bundeswehr dürfen diese weder einengen noch bloßstellen.
- Der bisherige Leitbegriff der Verantwortung ist im sicherheitspolitischen Narrativ durch nationale Interessen zu ersetzen!
- Selbstverständnis und Einstellungen von Soldaten, insbesondere deren Unmut über Reformen, Einsatzmandate sowie fehlende Wertschätzung, sind als wichtige strategische Faktoren zu berücksichtigen!

Zur Strategiefähigkeit gehört auch die Berücksichtigung der sicherheitspolitischen Meinungen in der Bevölkerung. Damit sind wir wieder bei der Ausgangsthese Wilfried von Bredows angelangt. Wenn Politik und militärische Führung der Bundeswehr keinen Auftrag geben können, besitzen sie keine Strategie und können diese auch nicht in der Öffentlichkeit kommunizieren. Die Bürger Deutschlands hätten sich mit diesen Defiziten gut arrangiert. Sie wollten zwar nicht die Bundeswehr abschaffen, aber auch nicht aktiv für sie eintreten oder an der Bestimmung ihres Auftrags mitwirken. Wilfried von Bredow spricht diesbezüglich von einem „kollektiven Ruhebedürfnis". Ursache sei nicht der Pazifismus oder die belastete deutsche Geschichte, sondern der Unwillen und das Unvermögen, klare Vorstellungen über Zweck und Nutzen von Streitkräften als Leitlinie für sicherheitspolitisches Handeln zu erarbeiten. Hierbei spart der Politikwissenschaftler Wilfried von Bredow nicht mit Kritik an seiner eigenen

Zunft: Auch unter Experten gebe es keine Einigkeit über eine kluge Gesamtstrategie, die sanfte und harte Mittel verbindet. Die in diese Offiziersbibliothek aufgenommenen Besprechungen von Büchern aus der Zeit des Kalten Krieges belegen, dass wir schon einmal besser waren.

Um ein „… aufgeklärtes Bewusstsein vom rechten Gebrauch der Streitkräfte als Instrument der Politik" zu erarbeiten und kommunikativ zu verbreiten, wäre eine strategische Evaluation des Einsatzes in Afghanistan hilfreich. Dass die Politik – sieht man von wenigen Ausnahmen wie beispielsweise dem ehemaligen Bundestagsabgeordneten der Grünen, Winfried Nachtwei, ab – sich nicht darum bemüht und damit das Risiko eingeht, bisher gemachte Fehler im Gebrauch von Streitkräften in anderen Einsatzgebieten zu wiederholen, ist ein anschaulicher Beleg für die Schwierigkeiten Deutschlands, den Auftrag der Bundeswehr zu definieren und ihr damit eine Chance zu geben, Struktur, Ausrüstung und Ausbildung zu verbessern und den Dauerstress zu beenden. Solange der Auftrag von Streitkräften mit den daraus resultierenden Aufgaben nicht realistisch definiert ist, werden Soldaten nicht die Erfolgserlebnisse haben, die sie für eine selbstbewusste Ausübung ihres schwierigen Berufs benötigen.

Zum Schluss sei noch ein Argument angeführt, das für die deutsche Führungsaufgabe in Europa wichtig ist. Unsere Verbündeten und Partner wollen wissen, woran sie mit Deutschland auch in sicherheitspolitischen Fragen sind. Sie haben Probleme mit der deutschen Doppelgesichtigkeit, dem Schwanken zwischen Engagement und Verweigerung, zwischen Führung und

Führungsangst. Wilfried von Bredow warnt davor, Führung erst dann aktiv zu übernehmen, wenn die Umstände dazu zwingen. Deutschland verfüge über wenig Erfahrung in der sicherheitspolitischen Führungsrolle und sei aufgrund seiner Geschichte verwundbar. Es sei klüger, sich frühzeitig darin einzuüben und Führungskompetenz zu entwickeln. Dies diente auch einem aufgeklärten Umgang mit Streitkräften und ihrem beschleunigten Aufbau.

Wilfried von Bredow hat ein sehr gut lesbares Buch geschrieben. Insbesondere seine verständlichen Definitionen von Fachbegriffen wie „internationales System" oder „Weltordnung" sind überaus hilfreich. Sympathisch ist auch sein abwägendes Urteil. In seinem Buch gibt es kein *Bashing* von Politikern oder Generalen/Admiralen; es enthält jedoch viele hilfreiche Hinweise, was geht und was nicht geht.

*Heinrich August Winkler*

# Wie wir wurden, was wir sind. Eine kurze Geschichte der Deutschen, München 2020, 254 S.

## Nabelschau

Ein Blick auf die Gegebenheiten der internationalen Beziehungen macht fast zwangsläufig auch einen Rückblick auf die eigene Geschichte notwendig. Dazu lädt Heinrich August Winkler, anerkannter Historiker, mit seinem schmalen Band „Wie wir wurden, was wir sind. Eine kurze Geschichte der Deutschen" ein.

Vom Mittelalter an, über die zahlreichen und für die Leserschaft auch hinlänglich bekannten Stationen und Stufen der deutschen Geschichte bis zur *„Gegenwart der deutschen Geschichte"* zeichnet Heinrich August Winkler ein geschlossenes Bild. Dabei folgt er schließlich seinem Credo: Deutschland ist gut und richtig aufgehoben, wenn es sich am Westen orientiert, sich mit ihm verbindet und seine internationalen Beziehungen daran ausrichtet. Der Autor folgt seiner Beurteilung, die er bereits in den vor über zwanzig Jahren erschienenen beiden Bänden „Der lange Weg nach Westen" ausführlich dargelegt hat.

Weder ein deutscher Sonderweg noch eine Schaukelpolitik zwischen Ost und West sollten Richtschnur deutscher Außen- und Sicherheitspolitik sein. Deutschland habe vielmehr eine permanente Integrationsaufgabe in die westliche Staatengemeinschaft, was

unserem Land jedoch nicht in allen Politikfeldern gelungen sei: „Die ‚vorbehaltlose Öffnung gegenüber der
politischen Kultur des Westens', die Jürgen Habermas
1986 der Bundesrepublik attestierte, ist keine Eigen-
schaft, die auf Dauer gesichert ist. … Ein Dreiviertel-
jahrhundert nach dem Ende des Zweiten Weltkrieges
und dreißig Jahre nach der Wiedervereinigung muss
Deutschland sich aus seiner Selbstexzeptionalisierung
lösen, die seine Glaubwürdigkeit untergräbt und mit
der es sich zu isolieren droht. … Es ist geradezu existentiell auf das enge Zusammenwirken im europäischen Staatenbund angewiesen." Damit warnt der
deutsche Historiker davor, die Moral zum absoluten
Maßstab für richtiges internationales Verhalten zu erheben und mit dem Hinweis auf die deutsche Geschichte zu begründen. Statt sich als moralische Supermacht zu isolieren, komme es für Deutschland als
Zentral- und Führungsmacht in Europa darauf an, jederzeit die Westbindung in den Vordergrund ihres au-
ßen- und sicherheitspolitischen Handelns zu stellen.
Wir sehen hier, wie sehr die Analysen von Herfried
Münkler und Wolfgang Ischinger auf diesem historischen Narrativ beruhen.

Nimmt man die vorgestellten Sichtweisen und Beurtei-
lungen zusammen, bietet sich folgende Schlussfolgerung an: Internationale Beziehungen und Sicherheitspolitik sind komplexe und vielschichtige politische Ma-
terien. Sie gründen auf

- politischen (außen- wie innen-) Ereignissen und
  Aufgaben,

- wirtschaftlichen Strukturen und Beziehungen,

- gesellschaftlichen Bedingungen,

- ökologischen Herausforderungen,

- kulturellen Gegebenheiten und

- geschichtlichen Vorgaben.

Für die erfolgsorientierte Gestaltung der internationalen Beziehungen bieten sich drei Gradmesser an:

- Sie müssen gemeinsam mit Alliierten und Partnern entschieden und umgesetzt werden,

- sie müssen umfassend verstanden werden, also nicht allein auf militärische Handlungen fokussiert sein, und

- sie müssen vorausschauend angelegt sein, um mögliche oder sich abzeichnende Entwicklungen berücksichtigen zu können.

Dies wird nicht immer einfach sein. Die Komplexität der internationalen Beziehungen und die daraus resultierende Ungewissheit erfordern ständige Anpassungen unserer Strategien. Der kürzeste Weg zum Ziel wird oftmals nicht zu finden sein. Da mag eine Überlegung des Philosophen Hans Blumenberg tröstend sein, die er in seinem kleinen Band „Die Sorge geht über den Fluss" so zusammengefasst hat: „Nur wenn wir Umwege einschlagen, können wir existieren. Gingen alle den kürzesten Weg, würde nur einer ankommen. Von einem Ausgangspunkt zu einem Zielpunkt gibt es nur einen kürzesten Weg, aber unendlich viele Umwege."

Vielleicht können die Überlegungen von Hans Blumenberg auch dabei helfen, die besprochenen Bücher besser einzuordnen.

# Dank

Dieses Buch erscheint gut ein Jahr nach dem Beginn der Corona-Pandemie. Sie ist längst noch nicht vorüber. Immer deutlicher werden deren Auswirkungen auf die internationalen Beziehungen. Erfolge in der Bekämpfung der Pandemie stärken die Stellung eines Landes in der globalen Systemkonkurrenz. In ihrem Windschatten können nach Vorherrschaft strebende Staaten aggressiver auftreten. Die Pandemie hat die Welt noch gefährlicher gemacht.

Unser Dank geht an die vielen Menschen, die zur Bewältigung dieser Pandemie beitragen.

Ganz herzlich danken wir auch denjenigen, die das Manuskript gelesen und kommentiert haben. Unser Dank geht an Major Dominik Wille und die Verlegerin Carola Hartmann. Ganz besonders danken wir Johannes ('Hannes') Wendroth, mit dem uns nicht nur unsere gemeinsame Zeit im Planungsstab des Bundesministeriums der Verteidigung verbindet.

# Carola Hartmann Miles-Verlag

## Sicherheitspolitik

**Wolf Graf v. Baudissin,** *Grundwert: Frieden in Politik – Strategie – Führung von Streitkräften, herausgegeben von Claus von Rosen,* Berlin 2014.

**Uwe Hartmann (Hrsg.),** *NATO's Adaptation – Challenges and Opportunities,* Berlin 2017.

**Oliver Schmidt,** *Deutsche Außenpolitik und die Zukunft der nuklearen Teilhabe in der NATO,* Berlin 2017.

**Donald Abenheim, Carolyn Halladay,** *Soldiers, War, Knowledge and Citizenship: German-American Essays on Civil-Military Relations,* Berlin 2017.

**Dirk Freudenberg,** *Theorie des Irregulären – Erscheinungen und Abgrenzungen von Partisanen, Guerillas und Terroristen im Modernen Kleinkrieg sowie Entwicklungstendenzen der Reaktion, (in 3 Bänden),* Berlin 2017.

**Markus Reisner,** *Robotic Wars – Legitimatorische Grundlagen und Grenzen des Einsatzes von Military Unmanned Systems in modernen Konfliktszenarien,* Berlin 2018.

**Helmut Fiedler,** *Military Assistance – eine moderne Einsatzart zwischen Anspruch und Wirklichkeit,* Berlin 2019.

**Gerd Bolik,** *NATO-Planungen für die Verteidigung der Bundesrepublik Deutschland im Kalten Krieg,* Berlin 2021.

## Wiener Strategie-Konferenz

**Wolfgang Peischel (Hrsg.),** *Wiener Strategie-Konferenz 2016 – Strategie neu denken,* Berlin 2017.

**Wolfgang Peischel (Hrsg.),** *Wiener Strategie-Konferenz 2017 – Strategie neu denken,* Berlin 2018.

**Wolfgang Peischel (Hrsg.),** *Wiener Strategie-Konferenz 2018 – Strategie neu denken,* Berlin 2019.

**Wolfgang Peischel (Hrsg.),** *Wiener Strategie-Konferenz 2019 – Strategie neu denken,* Berlin 2021.

## Militär und Gesellschaft

**Marcel Bohnert, Lukas J. Reitstetter (Hrsg.),** *Armee im Aufbruch. Zur Gedankenwelt junger Offiziere in den Kampftruppen der Bundeswehr,* Berlin 2014.

**Phil C. Langer, Gerhard Kümmel (Hrsg.),** *„Wir sind Bundeswehr." Wie viel Vielfalt benötigen/vertragen die Streitkräfte?,* Berlin 2015.

**Alois Bach, Walter Sauer (Hrsg.),** *Schützen. Retten. Kämpfen. Dienen für Deutschland,* Berlin 2016.

**Marcel Bohnert, Björn Schreiber (Hrsg.),** *Die unsichtbaren Veteranen. Kriegsheimkehrer in der deutschen Gesellschaft,* Berlin 2016.

**Angelika Dörfler-Dierken (Hrsg.),** *Hinschauen! Geschlecht, Rechtspopulismus, Rituale: Systemische Probleme oder individuelles Fehlverhalten?,* Berlin 2019.

**Kurt Graf v. Schweinitz,** *Notizen im Transit von Krieg und Frieden,* Berlin 2020.

**Alois Bach, Carola Hartmann (Hrsg.),** *Unbekannte Helden des Alltags – Soldaten und Ehefrauen berichten über Verantwortung, Humanität und Belastung im Auslandseinsatz,* Berlin 2020.

## Schriften zur Tradition

**Eberhard Birk, Winfried Heinemann, Sven Lange (Hrsg.),** *Tradition für die Bundeswehr. Neue Aspekte einer alten Debatte,* Berlin 2012.

**Donald Abenheim, Uwe Hartmann (Hrsg.),** *Tradition in der Bundeswehr. Zum Erbe des deutschen Soldaten und zur Umsetzung des neuen Traditionserlasses,* Berlin 2018.

**Donald Abenheim, Uwe Hartmann,** *Einführung in die Tradition der Bundeswehr. Das soldatische Erbe in dem besten Deutschland, das es je gab,* Berlin 2019.

**Eberhard Birk, Heiner Möllers (Hrsg.),** *Die Luftwaffe und ihre Traditionen (aus der Reihe Schriften zur Geschichte der Deutschen Luftwaffe, Band 10),* Berlin 2019.

**Hans-Günter Behrendt (Hrsg.):** *Erinnerungsorte der Bundeswehr – Personen, Ereignisse und Institutionen der soldatischen Traditionspflege,* Berlin 2020.


## Jahrbuch Innere Führung (seit 2009)

**Uwe Hartmann, Claus von Rosen (Hrsg.),** *Jahrbuch Innere Führung 2017. Die Wiederkehr der Verteidigung in Europa und die Zukunft der Bundeswehr,* Berlin 2017.

**Uwe Hartmann, Claus von Rosen (Hrsg.),** *Jahrbuch Innere Führung 2018. Innere Führung zwischen Aufbruch, Abbau und Abschaffung: Neues denken, Mitgestaltung fördern, Alternativen wagen,* Berlin 2018.

**Uwe Hartmann, Claus von Rosen (Hrsg.),** *Jahrbuch Innere Führung 2019. Bundeswehr im Aufbruch. Hindernisse von den verteidigungspolitischen Vorstellungen der AFD bis zu den sicherheitspolitischen Meinungen in der Zivilgesellschaft,* Berlin 2019

**Uwe Hartmann, Reinhold Janke, Claus von Rosen (Hrsg.),** *Jahrbuch Innere Führung 2020. Zur Weiterentwicklung der Inneren Führung: Themen und Inhalte,* Berlin 2021.

## Militärgeschichte

**Ingo Pfeiffer,** *Gegner wider Willen. Konfrontation von Volksmarine und Bundesmarine auf See,* Berlin 2012.

**Georg Neuhaus,** *Am Anfang war ein Speer. Eine Chronographie der Kriegs- und Militärtechnologien,* Berlin 2018.

**Hans-Werner Ahrens,** *Die Transportflieger der Luftwaffe 1956 bis 1971. Konzeption – Aufbau – Einsatz, (Bd. 8 der Reihe Schriften zur Geschichte der Deutschen Luftwaffe),* Berlin 2019.

**Jobst Reller,** *Die Anfänge der evangelischen Militärseelsorge,* Berlin 2019.

**Eberhard Frhr. v. Senden, Friedrich Frhr. v. Senden,** *Der Erste Weltkrieg 1914–1918. Erlebnisse eines jungen Leutnants,* Berlin 2020.

**Ingo Pfeiffer,** *Do swidanija GermanijaStationierung – Abzug –Hinterlassenschaften Westgruppe der Truppen,* Berlin 2021.

**Harald Fritz Potempa,** *Balkan 1914-1945. Raum und Kleiner Krieg als militärhistorische Kategorien in der Wahrnehmung deutscher Streitkräfte,* Berlin 2021.

**Jörg Beining,** *Streng geheim! – Elektronische Kampfführung im Kalten Krieg. Die EloKa der Bundeswehr und NATO aus östlicher Perspektive,* Berlin 2021.

## Standpunkte und Orientierungen

**Dirk Freudenberg,** *Auftragstaktik und Innere Führung. Feststellungen und Anmerkungen zur Frage nach Bedeutung und Verhältnis des inneren Gefüges und der Auftragstaktik unter den Bedingungen des Einsatzes der Deutschen Bundeswehr,* Berlin 2014.

**Uwe Hartmann,** *Hybrider Krieg als neue Bedrohung von Freiheit und Frieden. Zur Relevanz der Inneren Führung in Politik, Gesellschaft und Streitkräften,* Berlin 2015.

**Martin Sebaldt,** *Nicht abwehrbereit. Die Kardinalprobleme der deutschen Streitkräfte, der Offenbarungseid des Weißbuchs und die Wege aus der Gefahr,* Berlin 2017.

**Martin Sebaldt,** *Das Elend der Strategen. Warum die deutsche Militärpolitik versagt,* Berlin 2020.

## Monterey Studies

**Michael Hanisch,** *On German Foreign und Security Policy. Determinants of German Military Engagement in Africa since 2011,* Berlin 2015.

**Grégoire Monnet,** *The Evolution of Strategic Thought Since September 11, 2001,* Berlin 2016.

**Stefan Klein,** *America First? Isolationism in U.S. Foreign Policy from the 19th to the 21st Century,* Berlin 2017.

**Torsten Gojowsky, Sebastian Koegler,** *Building Special Operations Relationships with Fragile Partners,* Berlin 2019.

## Offiziersbibliothek

**Uwe Hartmann,** *Offiziersbibliothek I: Deutschland,* Berlin 2020.

**Franz H.U. Borkenhagen, Uwe Hartmann,** *Offiziersbibliothek II: Internationale Beziehungen und Sicherheitspolitik,* Berlin 2021.

www.miles-verlag.jimdo.com